青 少 年 百 科 丛 书

名 胜 大 观

主编 赵志远

新疆美术摄影出版社

图书在版编目(CIP)数据

名胜大观 / 赵志远主编. —乌鲁木齐：新疆美术摄影出版社，
2011.10(2012.1)

（青少年百科丛书）

ISBN 978-7-5469-1822-8

Ⅰ.①名… Ⅱ.①赵… Ⅲ.①名胜古迹－中国－青年读物②名胜
古迹－中国－少年读物 Ⅳ.①K928.70-49

中国版本图书馆 CIP 数据核字(2011)第 208503 号

青少年百科丛书——名胜大观

策　　划	万卷书香	
主　　编	赵志远	
责任编辑	孙　敏	
责任校对	祝安静	
封面设计	冯紫桐	
出　　版	新疆美术摄影出版社	
地　　址	乌鲁木齐市西北路 1085 号	
邮　　编	830000	
发　　行	新华书店	
印　　刷	北京佳信达欣艺术印刷有限公司	
开　　本	710 mm×1 000 mm　1/16	
印　　张	10	
字　　数	130 千字	
版　　次	2011 年 10 月第 1 版	
印　　次	2012 年 1 月第 2 次印刷	
书　　号	ISBN 978-7-5469-1822-8	
定　　价	19.80 元	

本书的部分内容因联系困难未能及时与作者沟通，如有疑问，请作者与出版社联系。

目 录

MU LU

目 录

中南地区

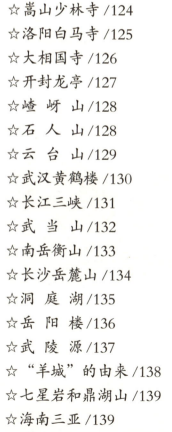

MU LU

华北地区

HUA BEI DI QU

☆天安门

天安门是明清皇城的正门,建于永乐十五年（1417年）,原名承天门,表示"承天启运""受命于天"的意思。总高33米,底座是汉白玉的须弥座（这是我国古建筑台基的一种形式,又名金刚座,原来是供佛像和神龛用的,后来也用于宫殿的墙基、柱脚、雕塑的基座等。形状为多层迭合式,上层和下层最宽,中间略有收束,座上刻有凹凸线脚及花纹）。座上是10多米高的红色砖台,用每块24千克重的大城砖砌成,砖台上建两层重楼大殿,顶上覆盖着金灿灿的琉璃瓦。

天安门在明清两代的用处很多。每个新皇帝即位或册立皇后时,要在城楼上向人民宣读诏书。每当皇帝出征时,要在这里祭路,如果送大将军出征,便在这里送行并祭旗。皇帝出去举行祭天地、耕藉田等大典,都从天安门出入。皇帝的父母进宫,皇帝迎娶皇后,也从天安门进入。但任何人的丧礼,包括皇帝的丧礼也不许从天安门出入,哪怕是空棺材也不准从这里抬进去。每年五月,刑部衙门把各省判处了死刑的囚犯名册汇集起来,送皇帝过目。到八月中旬,皇帝诏令有关官员在天安门进行最后判决,这叫"秋审"。霜降前,对北京刑部监狱里判死刑的犯人进行审处,叫做"朝审"。"秋审"和"朝审"都在天安门举行。此外,明清两代皇帝亲自主持举人的考试,叫做殿试。殿试后两天,皇帝在天安门召见考中前三名的举人,即状元、榜眼、探花,依次传呼他们的姓名,这叫"金殿传胪"。

天安门城楼下的金水桥是五座雕刻精美的汉白玉石桥,因横跨于金水河上而得名。

天安门

毛主席纪念堂

毛主席纪念堂

位于天安门广场南部。1977年8月落成，为安放毛泽东遗体而建。纪念堂内的北大厅为举行纪念活动的场所。厅中央设立一座汉白玉雕毛泽东同志坐像。瞻仰厅是纪念堂的核心部位，毛泽东同志的遗体安放在水晶棺内，鲜花簇拥。整个建筑气势宏伟，庄严肃穆。

人民大会堂

☆ 人民大会堂

人民大会堂坐落在天安门广场西侧，我们党和国家的一些重要会议都在这里召开。大门前，是我们国家领导人欢迎外国贵宾举行仪式的地方。大会堂正中是83米宽、5米高的淡青色花岗石大台阶。台阶连着同样高度的微红色花岗石基座。基座上耸立着12根25米高的浅灰色大理石擎天廊柱，中间是5扇金色大铜门。庄严的国徽，高悬在正门的门楣上方，光华夺目。

大礼堂高32米、深60米、中线宽76米，顶部和周围都没有角，内壁贴着淡青色高级塑料石板。穹顶中央镶着一组大顶灯，中心是一颗红宝石般的五角星灯，射出70道光芒，沿着光芒线的尖端，围着镏金葵花瓣组成的灯环。据说，这象征着全国人民万众一心、团结在党的周围的设计构思，是敬爱的周恩来总理提出，由梁思成教授指导一批中青年科技工作者完成的。这里是历届全国人民代表大会的主会场。

除了大礼堂，还有北侧的宴会厅以及分别用我国的包括台湾省在内的34个省、市、自治区名称命名的大厅。宴会厅富丽堂皇，是宴请来自世界各国元首和政府首脑等贵宾的场所。以34个省、市、自治区名称命名的大厅，其陈

人民英雄纪念碑

　　矗立于天安门广场中心。这座纪念碑从地面到碑顶高达 37.94 米，用 13000 块花岗石和汉白玉砌成。碑的正面，北向天安门，嵌一块约 70 吨重的碑心石，镌刻着毛泽东同志题写的"人民英雄永垂不朽"八个大字。承托碑身的是双层巨座，下层巨座束腰部四面镶嵌着 10 幅汉白玉大浮雕，共雕刻了 180 个人物形象，生动、概括地表现了 100 多年来惊天动地的革命史实。

☆紫禁城的由来

　　紫禁城是明清两代的皇宫。古代用紫微垣（星座名）来比喻帝王宫殿。帝居在秦汉时又称为"禁中"，意思是门户有禁，不得随便入内，所以旧称宫城为紫禁城。1924 年，清朝末代皇帝溥仪搬出后，国民政府在此设立故宫博物院，对普通市民开放。

　　紫禁城始建于永乐四年（1406 年），到永乐十八年（1420 年）基本建成。它以南京宫殿为蓝本，沿用元朝大内的旧址，只是由北向南推移了近 400 米。共占地 72 万多平方米，四周宫墙长约 3400 米，宫墙外

紫禁城（故宫）全景

三宫六院

　　故宫三大殿后为内廷，是帝后生活和居住的地方。内廷门户众多，但以在中轴线中象征"天地乾坤"的乾清宫、交泰殿、坤宁宫为中心，两侧配以象征日月的日精门和月华门，象征十二星辰的东西六宫，以及象征众星的数组建筑，成为众星捧月之势，这即是人们俗称的"三宫六院"。

设布置，都与各省、市、自治区的文化特色相协调。例如，北京厅放置着仿古红木家具，悬挂着宫灯，摆设着玉雕和景泰蓝器物，让人一眼就感觉出北京古老的文化艺术气氛。再如台湾厅中那座为保卫和收复台湾岛而奋战的民族英雄郑成功的玉雕像，也给人们鼓舞与激励。

后是御花园;宁寿宫养心殿西有宁寿宫花园,又称乾隆花园;慈宁宫前也有花园一座。宫城全体建筑从规模到屋顶样式,一律保持严格的等级差别。

故宫仙鹤雕塑

环绕着宽 52 米的护城河。建筑面积约为 15 万平方米,房屋 9000 多间。

紫禁城的布局可分为外朝和内廷两大部分。外朝以三大殿为中心,即太和、中和、保和殿,两翼有武英殿和文华殿。外朝是皇帝举行大典,召见群臣的场所。内廷以乾清宫、交泰殿和坤宁宫为中心,两侧有东西六宫等建筑。内廷是皇帝居住并处理日常政务以及后妃皇子居住、游玩和祀神的地方。内廷与外朝之间有广场分开。此外,在内廷东六宫的东面还有一组宫殿,以宁寿宫为主,俗称"外东路",是乾隆所建的太上皇宫。西六宫的西面前方有慈宁宫、寿安宫等建筑,是皇太后、皇太妃的住处。内廷中另有花园三座:坤宁宫

能工巧匠筑皇城

北京的紫禁城在永乐年间施工时,征集全国著名工匠 10 万多名,民夫 100 万。所用的建筑材料来自全国各地。木料来自湖广、江西、山西等省;汉白玉石料来自北京房山县;五色虎皮石来自蓟县的盘山;花岗石采自曲阳县。宫殿内墁地的方砖,烧制在苏州;砌墙用砖是山东临清所烧。宫殿墙壁所用的红色,原料产自山东鲁山,加工在博山;室内墙壁上的杏黄色颜料产自河北宣化的烟筒山。

☆ 故宫太和殿

穿过故宫中最大的门座太和门,便可望见太和殿了。明朝叫奉天殿、皇极殿,清朝顺治二年改称太和殿,俗称金銮殿。

太和殿与中和殿、保和殿,前后排列在一个庞大的"工"字形白石台基上。三层台基每层都有雕石栏杆围绕。太和殿是皇权的象征,是皇帝发号施令、举行庆典的所在。

太和殿是我国面积最大的木结构大

殿，殿顶为古建筑中最尊贵的庑殿式。殿内正中大约2米高的方形平台上，设有金漆雕龙宝座，座上设金龙髹金大椅，就是皇帝的御座。殿内有六根蟠龙金漆柱，屋顶正中盘龙金凤藻井，倒垂着圆球轩辕宝镜。轩辕宝镜相传是中国远古时代轩辕氏（黄帝）所造，皇帝高挂此镜，以示自己是正统皇帝。明清两朝曾有24个皇帝在此登基，宣布即位诏书。皇帝大婚、册立皇后和每年的元旦、冬至、万寿节（皇帝的生日），皇帝都要到太和殿坐朝，接受文武百官和外国使臣的祝贺。太和殿露台上东设日晷，象征授时；西设嘉量，为全国的标准量器。古时举行大典时，太和殿门前从露台开始，陈设仪仗旗帜，连续不断地排出午门，直到天安门。大殿廊下摆着乐器，一边是金钟，一边是玉磬，还有笙、箫、琴、笛，总称为中和韶乐。这些仪式，反映了皇权的威严。

养心殿

　　位于乾清门的西边，西六宫的南端，与内东路的斋宫、奉先殿位置相对称。清朝自雍正后将养心殿作为寝宫，同时也是日常处理政务的地方。养心殿发生了许多历史大事，见证了清朝的历史：咸丰与僧格林沁在此殿举行最隆重的"君臣抱儿礼"；同治七年，曾国藩在此殿被召见三次，商讨镇压太平军之事；慈禧太后所谓的"垂帘听政"在此殿；隆裕太后颁布逊位诏书于此，1917年张勋"复辟"时，张勋在此受赏。

故宫太和殿

☆ 故宫角楼

紫禁城的四角,各建有一座高大的角楼。角楼最初的功用是与护城河及城墙构成防卫系统,紫禁城的角楼则以观赏为主。

从城墙墙脚地面到角楼宝顶高27.5米。屋顶有三层檐,共用六个歇山顶组合而成,三层檐的勾连方法各不相同,檐角层次丰富,三个屋脊共有28个翼角,16个窝角,72条脊,屋脊上的吻兽共230只,比太和殿的吻兽还多1倍以上。这种多角多檐、多屋脊的造型使角楼的轮廓具有玲珑绚丽、参差错落之美,同时又显得端庄雄伟,气势不凡。传说永乐年间营造角楼时,朱棣要求总管大臣建成九梁十八柱七十二条脊的结构。建筑师们想不出办法来。有一天,一个工匠从一个卖蝈蝈的老人那里,见到他用黍秸杆编造的蝈蝈笼样子十分精

故宫角楼

巧,便买了一只来。这个笼子的构造正符合九梁十八柱七十二条脊的要求,于是在它的启发下,工匠们把角楼建成了现在所见到的式样。角楼坐落在城墙转角处,又以城墙下的护城河水为背景,与落在水面上的倒影相辉映,更增添了诗情画意。

故宫角楼一景

☆中南海瀛台

中南海里有一座小岛,叫做瀛台。古代方士说东海有蓬莱、方丈、瀛洲三座仙山。瀛台就是按照这一传说建成的,体现了把瀛洲仙境搬到人间的构思。明朝时这里称为南台。清顺治、康熙时大规模修建,成为帝王后妃的避暑胜地。康熙常在这里钓鱼,而且要大臣一起陪着。雍正常在这里划船。乾隆则常陪皇太后来此看焰火。光绪二十四年,实行变法,六月十一日宣布变法的第一道圣旨就是在这里签发的。变法失败后,慈禧将光绪囚禁在瀛台,一直关押了10年之久。当时瀛台通往勤政殿的桥面铺着活动的桥板,随用随拆,桥的北端两侧各有五间房,慈禧安排自己的心腹太监日夜在此监守,使光绪无法出走。珍妃也被打入冷宫不准见面,光绪只好靠自己

瀛台

的心腹太监冒着生命危险,在夜里拉船偷渡过去会面。据说1900年珍妃被害的前两年间,光绪就用这种办法与珍妃私会过几次。光绪二十四年十一月,慈禧临死前说,绝不能让光绪死在她后面,便派太监将光绪毒死在瀛台的涵元殿。

午 门

由天安门进去,往北就是端门,越过端门即可见到午门。午门为紫禁城正门,顺治四年(1647年)重建,高35.6米。三阙,上有重楼九楹,彤扉各三十六,明廊两翼,杰阁四耸互相连贯,俗称五凤楼。皇帝驾车出午门去社稷坛时鸣钟,祭太庙时击鼓,当中正门只准皇帝、皇后的龙车、凤辇出入。左右掖门平时不开,惟有皇帝升殿视朝,文武百官各以东西班次由掖门入。殿试文武进士,单号进左掖门,双号进右掖门。图为从北面拍摄的午朝门。

☆ 北海团城

　　北海南门西边的团城,是一处别致的建筑。这里原是太液池中的一个小岛,面积约4500平方米左右,四面临水。金时是离宫——大宁宫的一部分。元时开拓成一座圆台,称圆坻,也称瀛洲。上面建有仪天殿,是一座圆顶重檐的殿宇,叫"瀛洲圆殿"。明永乐年间,因营建宫殿,改动了团城周围的地势,团城被圈在墙外,把中海和南海分开,仪天殿改名为承光殿。岛上原有一座木桥与岸相连,明时填成平地。又在岛屿四周用砖砌成圆形城墙,墙顶砌成城堞垛口,就成了现在的形状。

　　团城的主要建筑承光殿,原是圆形的。康熙八年倒塌后重建,乾隆八年(1743年)大规模改建,修成一座十字形平面的方形大殿。清帝出外郊游,便到这里来换

北海团城五龙亭

衣、用茶点。殿旁的一棵括子松(油松)传为金元时所植,有800年历史,乾隆封它为遮荫侯。另有白皮松和探海松,也是几百年的古树,白皮松被封为白袍将军,探海松被封为探海侯(现补种)。团城的珍贵文物有两件最著名。一件是承光殿内的玉佛,高约1.5米,由一整块白玉雕成,身上镶嵌宝石。相传是一个叫明宽的和尚从缅甸带回来的。回来时他为避免官府盘查勒索,便在车上插了"奉旨请佛"的黄旗,一路安抵北京。回京后被步军统领衙门治"冒旨罪",要敲他一笔钱。明宽求李莲英向西太后奏明原委,情愿奉献玉佛,慈禧赏银500两,把大玉佛迎进了团城。另一件是玉瓮亭内的大玉瓮,又名渎山大玉海、黑玉酒瓮。元代至元二年(1265年)的制品,是供忽必烈饮宴贮酒用的。玉质青白中带黑,高70厘米,周长493厘米,重约

北海团城承光殿玉佛

白塔

北海永安寺白塔始建于1651年，塔高35.9米。塔基为砖石须弥座，座上有三层圆台，塔下有"藏井"，内有星船、佛龛、供桌、喇嘛经文和佛教法物等。这座白塔为喇嘛塔，1679年和1731年因地震塌毁，先后两次重建。

3500千克。可贮酒30多石。瓮口椭圆形，按玉上青白色纹理刻成海兽在波涛中出没的形状，线条多变，造型生动，是我国现存最大的传世玉器。原来置于大宁宫广寒殿中，后流落在紫禁城西华门外真武庙里，传说曾被道士用作菜瓮。清乾隆十年（1745年）发现，乾隆用千金买来，放在承光殿中。乾隆十四年(1749年)又在殿前专建玉瓮亭，陈设玉瓮，乾隆写了三首七言诗，命人连注释刻在玉瓮内膛。石亭柱上还刻有翰林等40人所赋玉瓮诗。团城的主要建筑除承光殿、玉瓮亭以外，还有敬跻堂、古籁堂、余清斋、沁香亭、朵云亭、镜澜亭等。亭堂曲廊之间，缀以湖石、假山，古松古柏挺拔苍翠，使这里形成一处自成格局的景观。

☆ 碧云寺

碧云寺位于香山西北角，始建于元代（1331年），当时叫碧云庵。明正德年间，太监于经看中了这块"风水宝地"，大兴土木，扩建为寺，并在寺后修建了坟墓，想作为葬身之所，但嘉靖初年于经获罪身死，葬此遂成泡影。后天启三年，太监魏忠贤又大加扩建，亦想葬身于此，却在崇祯元年死于非命，未能偿愿。清乾隆十三年（1748年）扩建成现在的规模。

碧云寺，顾名思义，用古人的诗句"万峰围殿阁，碧色净如云"咏赞它的特色，是恰到好处的。全寺依山建成，上下相差200多米，共300多个台阶。碧云寺雕塑精美动人。罗汉堂内有508尊罗汉，个个栩栩如生。传说乾隆想当罗汉，在增修罗汉堂时，硬是叫人撤下一个，另塑了一个自己的像，满身盔甲，穿靴戴帽，还自封法号"破邪见尊者"，这就是第444尊罗汉。在菩萨殿后是孙中山纪念堂，位于全寺的中

碧云寺

心。1925年孙中山先生逝世后，灵柩曾停放在寺后金刚宝座塔中，1929年移葬南京紫金山。水泉院是全寺风景最佳处，有卓锡泉、假山、鱼池、古柏等点缀呼应，文人墨客多有题咏。

☆ 卧佛寺

香山以北2.5千米左右便是卧佛寺，已有1300多年的历史。唐时称"兜率寺"，后又称"大昭孝寺""洪庆寺""十方普觉寺"等，因寺中有一元代铜佛最为著名，俗称卧佛寺。卧佛寺的铜卧佛长5米多，神态安详，表现其"大彻大悟，心安理得"的内心世界，是罕见的艺术珍品。这个卧式像是释迦牟尼临终前的纪念像，身后还有12尊小佛像，整组群像叙述了释迦牟尼于娑罗树下向12弟子嘱托后事的故事。据记载，元代至治元年（1321年）时"用工七千，冶铜五十万斤"铸就此佛。进山门

卧佛寺正门

二进院为"三世佛殿"，殿两侧各有银杏树一棵，距今已千年有余，树围可数人合抱，高盈数丈。秋天银杏树叶渐渐变黄，飘洒铺地，故此又有"黄叶寺"别称。从佛殿出来往西走，在老虎洞和寿安山之间，有一条山沟，因过去盛产樱桃得名樱桃沟。不远处有个巨大的岩洞，可容纳20多人，称作"白鹿岩"。相传早在辽代的时候，有个骑着白鹿的仙人到这里游玩，因为风景秀丽不愿离开，就住在这里，因而称这里为白鹿岩。樱桃沟花园的门额上写着"鹿岩精舍"，就是由这个传说演变而来。

☆ 中南海新华门

中南海的正门，现名新华门，前身是宝月楼，创建于乾隆二十三年（1758年），上下各七间。造此楼的目的是为讨得香妃的欢心。香妃即容妃，回族和卓氏女。她的哥哥图尔都反对割据，与容妃五叔额色伊配合清军，平定过霍吉赞兄弟的叛乱，都受到封爵，并被容许带家眷留住在京师。容妃27岁时以和贵人的身份受赏荔枝，入宫后受到乾隆宠爱，后来封为香妃，常陪乾隆跑马射箭。她深居宫禁，思念故乡，乾隆就将新疆回民迁来一部，在长安街西建房居住。房子形制依照回民的传统，并建礼拜寺与宝月楼南北相对，这一带居民区俗称回子

☆ 北京景山

景山，本是元朝的皇家御苑范围，明朝永乐年间营建北京，把挖掘紫禁城护城河的泥土堆复其上，干是垒成了这座假山。明代又叫万岁山，清时改名景山。景山海拔89米，是北京城区中心地域的最高点；

丰泽园

位于南海西北面，是清帝行演耕礼之地。园内有颐年堂，原名崇雅殿，乾隆帝常在此设宴赏赐王公宗室。1949年中华人民共和国成立后，毛泽东住在这里，他与周恩来、刘少奇、朱德等党和国家领导人经常在颐年堂内集会。堂前东配房菊香书屋，是毛泽东的书房。

营。每当香妃思念故土，乾隆就和她登宝月楼南望，见回子营就像见了家乡一样。关于香妃的传说很多，尤其是清末民初的一些无聊小说胡编乱造，都不可信。事实上，香妃在宫中度过了28年，直到乾隆五十三年(1778年)才病故。

中南海新华门

景山的含意

首先是高大的意思，《诗经·殷武》中有"陟彼景山，松柏丸丸"之句，指的是当年商朝的都城内有一座景山；其次，因为此处为皇家"御景"之地；其三，有景仰之意。

山顶的万春亭是近瞰故宫、远眺全城景色的最佳处。

崇祯十七年（1644年）正月，李自成在西安称王，国号大顺，改元永昌。两个月后，势不可当的李自成率义军包围了北京城。三月十七日崇祯皇帝召问群臣，群臣皆无言以对，一片唏嘘。十八日，李自成派受降的太监回城规劝崇祯认清局势宣布退位,崇祯大怒不从。当晚,一个姓曹的太监为义军打开彰义城门(广安门),义军攻进了外城。崇祯登上景山一望,只见烽火连天,徘徊许久才返回乾清宫。十九日晨,皇城已经守不住了,他又紧急鸣钟召集百官,却无一人到来。绝望的崇祯无奈再次登上景山,自尽身亡。关于崇祯自缢的确切地点,说法不一:有说是山坡上的一棵海棠树,有说是一棵老槐树,有说是在管园人的小屋,等等,但以老槐树的说法流传最广。

景山公园

景山,在故宫北门外,位于北京城南北中轴线的中心,也是封建时代北京城的最高点,原为元明清三朝的皇家御苑。清乾隆皇帝在山脊建起了五座重檐彩亭。中峰的万春亭最为秀丽壮观。倚立万春亭向南俯览,紫禁城"宫殿海洋"的万千气象尽收眼底。远眺四周,一派古貌新颜。向北眺望,鼓楼、钟楼依稀可见。

回音壁

在天坛皇穹宇的外面,有一道圆形磨砖对缝的围墙,周长193.2米,高3.7米,厚0.9米,直径61.5米,门向南开,这就是著名的回音壁。由于内侧墙面平整光洁,声音可沿内弧传递,俩人分站东西墙根,一人靠墙低声说话,另一人能清晰听到。游客至此,莫不一试为乐。右图为回音壁。

☆ 北京天坛

天坛是我国最大的坛庙建筑。始建于明朝永乐十八年(1420年),是明清两代帝王祭天、祈谷的地方。总面积270多万平方米,分内、外坛。天坛主要建筑物在内坛,北为祈年殿,南为圜丘坛,中为皇穹宇,三部分建在一条直线上,由一条长360米的台基(又称神道或丹陛桥)连接起来。

天坛最负盛名的是祈年殿,是皇帝祈求年成丰收的地方。它是按照"敬天礼神"的思想设计的。殿用圆形,象征天圆;瓦用蓝色,象征蓝天;殿内柱子的数目,据说是按照天象建立的。中间的4根通天柱,象征春夏秋冬四季;中层的12根金柱,象征一年的12个月;外层的12根檐柱,象征一天的子丑寅卯等12个时辰。中、外层相加

24根象征24个节令。三层相加共28根，象征周天二十八星宿。再加柱顶8根童柱，象征三十六天罡。宝顶下的雷公柱，象征着皇帝的"一统天下"。有趣的是殿内地面中心的大理石，表面的墨色纹理颇像飞舞的龙凤图形。传说这块石上原来只有凤

双环万寿亭

位于祈年殿西侧，是1741年乾隆皇帝为庆祝母亲50大寿而建，此亭修建于中南海。1977年从原址迁到这里供人观赏。方胜亭位于双环亭西侧，二亭有游廊连接。亭上的梁坊绘有以人物、花卉和西湖风光为内容的彩画。

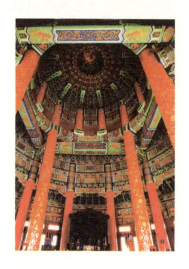

皇穹宇

皇穹宇是供奉皇天上帝和皇帝祖先牌位的地方，建筑风格也是以圆形为基调，以宝顶为圆心向外扩展。殿内半拱层层上叠，天花板层层收缩，形成美丽的隆穹圆顶。殿内彩画以青绿为基调，以金龙为主要图案，或描金、或沥粉贴金，显得辉煌华丽，有很高的艺术价值。

纹，而殿顶藻井内有只雕龙，年长日久，龙凤有了灵感，飞龙常下来戏凤。不料有一次正赶上一位皇帝祭天，在石上跪着行礼，把金龙玉凤都压到了圆石里。从此，变成了一龙一凤的"龙凤石"。

祈年殿

大殿的全部重量都依靠28根巨大的楠木柱支撑着。当中有4根高19.2米，两个半人才能合抱的"龙井柱"。殿内地面正中，是一块圆形大理石，上面有天然的龙凤花纹，与殿顶中央的盘龙藻井遥遥相对。大殿金描彩绘，富丽堂皇。祈年殿高38米，是一座有鎏金宝顶的三重檐的圆形大殿，殿檐颜色深蓝，是用蓝色琉璃瓦铺砌的，因为天是蓝色的，以此来象征天。

☆ 颐 和 园

颐和园是我国现存的最完整和规模最大的皇家园林,在世界园林史上颇负盛名。全园占地约290公顷,周长8千米,有不同形式的宫殿园林建筑3000多间。

颐和园主要由万寿山和昆明湖组成。万寿山为燕山支脉,原名瓮山,传说早年有一位老人,曾在山上挖到一只石瓮,因此得

佛香阁

佛香阁高41米,建筑在20米高的石造台基上,气势宏伟。据说这座巨大的建筑物被英法联军烧毁后,1891年花了78万两银子重建,是颐和园里最大的工程项目。登上佛香阁,周围数十里的景色尽收眼底。

颐和园众香界

名。瓮山的前方,原有一片由泉水汇聚成的湖泊,称瓮山泊。元代著名水利家郭守敬主持开发了西山一带的水源,引山泉水及沿途流水注入湖中。明代又在湖边建立了许多寺院和亭台。1750年,清乾隆为祝贺他母亲的60岁寿辰,把山名改为"万寿山",并在明代圆静寺的基础上兴建了"大报恩延寿寺"。同时,疏导玉泉诸流,把山下的湖泊作了彻底的改造,取汉武帝在长安开凿昆明池操演水军的故事,将湖改称"昆明湖"。

山与湖合起来统称"清漪园",即颐和园前身。1860年,英法联军侵入北京,此园被劫掠一空。光绪年间,慈禧挪用海军军费,进行重建,并改名颐和园。"颐",古代用以表示休息、调养;而"和",则是和谐、平安。二者合起来就是"颐养太和,保养元气"的意思。八国联军入侵北京时,颐和园再次遭劫,至今还留有抢劫、焚烧的遗迹。

☆ 圆明园遗址

圆明园是世界上无与伦比的园林建筑的奇珍，也是我国古典园林艺术发展的高峰。现在所说的圆明园还包括长春园和绮春园（即万春园）在内，通称圆明三园。遗址在北京大学校园正北，清华校园西北。三园外围周长约20千米，面积总计347公顷。这里原是明代故园，康熙赐给皇四子（即雍正），雍正即位后，从1725年起大肆兴建，乾隆即位后继续扩建，到1745年又造景40处，乾隆还命宫廷画家按景绘图，并亲自题诗，从这些图和诗可以想见圆明园当时的盛况。以后嘉庆时收并了西面几个赐园，道光皇帝又陆续兴建。从创建以来经过150多年的建设，形成了惊人的巨大规模。三园共构筑各类桥梁100多座，风景点140多处，楼台亭榭、轩廊馆阁等建筑面积计16万平方米，

圆明园西洋楼残迹

比故宫还多1万平方米。它不仅继承发展了我国传统的园林建筑艺术，创造性地吸收和借鉴了南北名园的胜景，而且还包括了西洋建筑的特色。园内建筑陈设豪华，并收集了全国罕见的文物、珍宝和图籍。

圆明三园建筑形式千变万化，园林布局生动灵活。三园中圆明园面积最大，正门有六部朝房（中央各衙），二宫门有正大光明殿，是皇帝朝会听政的地方。从雍正到道光历代清帝，不但长期在园中居住，而且在这里举行朝政宴会，使圆明园变成了仅次于紫禁城的政治中心。圆明园中最大的人工湖泊叫福海，四周仿照杭州西湖景色，建起了"三潭印月""平湖秋月""断桥残雪""柳浪闻莺""雷峰夕照""南屏晚钟"等景区。福海中还根据古代仙家传说，建了三个小岛，名为"蓬岛瑶台"；海湾里有汉白玉石座伸入，上面建有宫殿，称作

圆明园湖景

圆明园迷宫

1900年八国联军侵犯北京，圆明园又遭到第二次洗劫。使它变成了一座荒园，只剩下西洋楼中远瀛观南端的观水法残迹，以及极少数古建筑（如万春园的正堂寺）的破壁残墙。现西洋楼废墟仅存皇帝宝座的台基和宝座后的石雕屏风及两侧的巴洛克式石门，经过整理可供凭吊。

"方壶胜境"。

万春园是1772年将长春园以南的几家私园合并建成的，嘉庆十四年（1809年）又收入西路几个赐园，合成三十景，是皇太后的住处。宫殿布置壮丽，园林环境潇洒舒适。

圆明三园集中了我国园林艺术的精华。但令人痛心的是它遭到两次灾难性的浩劫，现在已变成一片废墟。第一次是1860年第二次鸦片战争期间，英法联军10月5日占领海淀，6日占领圆明园，大肆抢劫以后，又在10月18、19两天，派马队在全园各处放火，大火烧到附近各园以及万寿山清漪园、玉泉山静明园和香山静宜园，致使从海淀到香山10多千米范围内的宫苑惨遭破坏。珍贵文物更是被洗劫一空。现在英国伦敦大英博物馆、法国巴黎国家图书馆里还保存有当年从圆明园抢去的重要文物。圆明园内收藏四库全书的图书馆——文源阁也全烧光了。

☆ 香山公园

香山是西山山岭之一，因主峰顶有两块巨石，形如香炉而得名，与万寿山、玉泉山合称三山。乾隆亲题二十八景，定名静宜园。后两次遭英法联军和八国联军焚

北京香山公园一景

烧,古迹保留下来的不多。原来在香山各寺中规模最大的香山寺,有五层大殿,遗有辽金元历代古迹,现仅存石阶、石坊柱和残旧的石桥、方池,以及乾隆御制《娑罗树歌》碑一块。

山上较有特色的园林是见心斋和双清别墅。见心斋建于明嘉靖年间,后来多次修葺,按江南园林布局,院中心有半圆形水池,泉水从石凿的龙头嘴里注入池内。东南北三面依墙筑半圆形回廊,西面有三间小巧的水榭,背靠假山,假山上还有一座居高临下的正凝堂。"见心斋"匾额为嘉庆帝亲题。双清别墅是1917年建

香山主峰香炉峰

的一所小庭院,地名来历是因这里有两眼清泉,传说金章宗常来这里,梦见有泉涌出,早晨掘地果然得泉,于是名为梦感泉,后乾隆在泉旁石崖上刻"双清"二字。

香山遍植黄栌树,叶片圆形,秋来漫山红遍,十分壮观,因此香山红叶成为北京著名的胜景。半山腰有一处专门观赏红叶的梯云山馆。从山馆往上,有乾隆御制的"西山晴雪"碑,这是一段开阔地带,冬天大雪初晴,如琼雕玉积。远近景色并收眼底,是燕京八景之一。从西山晴雪再往上,即可攀登香山主峰玉乳峰,这里本名香炉山,因乾隆认为山上有玉乳泉,水质甘美,改名玉乳峰。又因山势陡峭,不易登攀,俗称"鬼见愁"。登上鬼见愁,可饱览香山全景。

香山之名的由来

香山之名的由来有两种说法,第一种是说香山海拔557米,最高峰顶有一块巨大的乳峰石,形状像香炉,晨昏之际,云雾缭绕,远远望去,犹如炉中香烟袅袅上升,故名香炉山,简称香山。

另一种说法则是因仿照江西庐山而来,李白名句"日照香炉生紫烟,遥望瀑布挂前川。飞流直下三千尺,疑是银河落九天。"庐山有香炉峰,香山仿香炉峰之名,故名香山。

☆北京白云观

　　白云观是北京最大的道教建筑，也是我国著名的道观之一。始建于唐玄宗开元年间，至今已有1200多年的历史。

　　金时称太极宫，元太祖赐给长春真人丘处机居住，改称长春宫。后建白云观，丘真人死后葬在这里。现在的建筑是清代重修的形制。丘处机生于1148年的宋、金时期，山东登州栖霞人。曾拜全真教主王重阳为师，并成为其得意弟子之一，号称

白云观

白云观的三清四御殿

"七真人"。全真派道教，起初并没有完整的教义和教规，入道者，讲道德经，节制饮食色欲，淡泊自适，不参预政事。1220年，元太祖在随军西征途中，派亲信使臣以重礼诏聘。丘处机率领十八弟子应诏前往西域。成吉思汗对他"两朝屡召而弗行，单使一邀而肯起"的政治态度很赞赏，当时在军帐中接见了他。太祖向他问道，他答"以节欲保躬，天道好生恶杀。治尚无为清净之理"，太祖"赐之虎符"，赐给他大宗师

的爵位，称他为"神仙"，命他掌管天下道教，并护送他东归。从此，丘处机在长春宫大开戒坛，宣扬全真教义，长春宫也就成为道教全真派的丛林圣地了。

☆明十三陵的由来

　　明成祖永乐七年（1409年），开始建陵于昌平。历经230余年，先后建立了13座皇帝陵墓。陵园建筑规模宏伟，一陵各居一山之下，中有神路沟通各陵，形成一

十三陵石像生

☆周口店遗址的由来

十三陵石像生

位于大碑楼至龙凤门的神路两侧。为明宣德十年雕造，均用整块巨石雕琢，共计石兽24座、石人12座。包括狮子、獬豸、骆驼、麒麟、马、象各4匹，二卧二立，文臣、武臣、勋臣各4人，象征文武百官。36座石像形体硕实，狮子为首，以示威严，獬豸独角专触不正之人，麒麟乃吉祥之兽。雕工神肖简朴，露立于大自然中，实为神来之笔。

个整体。

明代永乐到崇祯，共14个皇帝，其中景泰帝朱祁钰葬在京西金山，其余13个皇帝都在永乐的周围安葬。所以统称为明十三陵。这一大片陵区也因封山而名为天寿山。共占地40平方千米，陵区周围建有陵墙，设10个关口，有一条南北向的总神路通向各陵。沿神路建有石牌坊、下马碑、大红门、神功圣德碑、神道柱、石像生、棂星门等。各陵布局大致相同，前有石碑、陵墙、棂星门、石五供、明楼等。明楼上立石碑，刻皇帝的庙号和谥号。

龙骨山在北京西南郊房山县境内周口店附近，距北京约50千米。这里是史前人类化石和文化遗迹的所在地。

1929年12月2日，主持考古工作的裴文中先生第一次发掘出"北京人"完整的头盖骨，成为我国和世界人类发展史上的一个里程碑。从此，周口店成为举世瞩目的地方。为什么这一发现轰动了全世界呢？因为这具头盖骨，为研究人类进化提供了宝贵的资料。他既具有人的性质，又保留了古猿的特征；他能直立行走，四肢躯干和头骨构造都像人，脑量也超过古猿和现代大猿；他头部呈馒头型，眉脊粗壮，突出于眼眶上方，前额扁平，头骨壁厚于现代人，又与古猿相近。后来，这里又陆续发现

周口店猿人遗址

了一些人类化石,化石之丰富和它所代表部位的全面,在世界上前所未有。其后,又在这里发现了"山顶洞人"遗址,出土的化石和遗物证明,他们是比"北京人"要晚得多的人类。然而,这个珍贵的文化遗址在解放前没有得到应有的保护。1941年太平洋战争前夕,原先存放在北京协和医学院的一批包括"北京人"头盖骨在内的化石,被美国人装箱运出,并很快神秘地失踪。是装上船运走了,还是中途失事沉落海底了,或者被日本人劫去了,始终是个悬案。

北京司马台长城

　　司马台长城位于北京市密云县东北部的古北口镇境内,距北京120千米,全长5.4千米,敌楼35座,是唯一一段保留明长城原貌的古长城。

☆万里长城的由来

　　长城是我国古代极为重要的、宏伟的军事防御工程,也是世界上规模最大的军事工程。因其工程浩大而艰巨,被誉为人类古代建筑史上的一大奇迹,具有2000多年的历史。

　　早在公元前770年至前476年的春秋时期,各诸侯国为了相互防御,都修筑了烽火台、列城,以后逐步用城墙把它们联系起来,这就是长城的开端。公元前7世纪后,齐、楚、燕、韩、赵、魏、秦就已经修筑了若干段的长城。后来,燕、赵、秦三国修筑了防止北方游牧民族东胡、匈奴入侵的长城。秦始皇统一中国后,便在这个基础上大规模地修长城,西起临洮,东到辽东,绵延万里。同时,秦始皇还在沿线设立了12个郡来开发和管理长城内外的地

居庸关全景

区。秦以后各朝代,也都对长城进行了大规模的修筑和增建。尤其是明代,在270多年的时间里,大规模修筑长城竟达18次之多,把原来的土筑城墙部分都改为砖石结构,西起甘肃嘉峪关,东至河北山海关,全长6350千米左右,通称万里长城。这就是我们今天看到的长城。

金山岭长城

在河北滦平县巴克什营花楼沟一带,介于滦平与北京密云之间。因部分长城筑于燕山第一峰雾灵山与古北口卧虎岭间的大小金山之上,故有此称。建于明隆庆四年(1570年),长约10千米,沿险峻山势,蜿蜒曲折,高低隐现,气势磅礴。金山岭长城构筑复杂,楼台有158座之多。这些楼台形式各异,巧夺天工,楼墩有方、扁、圆形,有单层,也有双层,楼顶有船篷形、穹窿形、四角和八角攒尖等形状,另外还有多孔的瞭望楼和长城中少见的库房楼等。金山岭长城地势险要,视野开阔,设防严谨,建筑雄伟,是我国万里长城的精华地段。1988年1月被国务院公布为第三批全国重点文物保护单位,1991年被国家定为一级旅游景点,国家级风景区。

☆居庸关

居庸关,距北京约60千米,是古代北京西北的重要屏障,也是北京通往西北地区的重要通道。这里地势险峻,重峦叠嶂。又因景色秀丽,碧树葱茏,从金代起被称作"居庸叠翠"而列为"燕京八景"之冠。

居庸之名,由来已久。史载,秦始皇曾经"徙居庸徒"于此。所谓庸徒,就是佣工、徒隶。居庸关也是万里长城的一个重要关口。居庸关城建于明洪武元年(1368年),距今已有600多年历史。关城内有一座汉白玉砌筑的高台,名叫"云台",是国家重点文物保护单位。它原是一个过街塔建筑,明初塔毁,后在塔上建庙,清康熙年间毁于大火。现在的云台就是元、明两代的街塔和寺院的基座。云台门内的石壁上雕有四大天王像,石壁上还刻有梵文、藏文、八思巴蒙古文、维吾尔文、

西夏文、汉文等六种文字刻成的佛经《陀罗尼经咒》和《造塔功德记》,是研究我国古代文字的重要参考实物,也是研究元代宗教及各族人民文化交流的重要实物。云台附近有一巨石独卧沟谷之中,人称"仙人枕",亦称"穆桂英点将台",因为石面有大小28个圆眼,传说是穆桂英搭帐篷时帐篷杆眼。

☆八达岭的由来

居庸之险不在关而在八达岭。八达岭是居庸关的外口，北往延庆，西去宣化、张家口、大同，东至永宁、四海。交通四通八达，"路从此分"，故名"八达岭"。它是古代的一条重要的交通要道和防卫前哨。

八达岭关城，建于1505年。这里居高临下，形势险峻。如果说居庸关是古代北京门户，八达岭就像是一把坚固的铁锁，八达岭一旦失守，居庸关就大门洞开了。关城南北两侧，长城沿山脊随势而筑，在两侧高峰上，可以眺望长城内外景色。城墙高大坚固，可五马并驰，十人并行，沿城墙修筑有多处烽火台，堞墙上有垛口，下有射洞，便于远望与射击。烽火台为古代军事通信设施，台上备有柴草、硫磺、硝石等物，遇有敌情，白天燃烟，叫做燧；夜间举火，叫做烽，有的同时放炮。古时在燃烧物中，掺和狼粪，烟高且直，远处容易看到，因此烽火台又称狼烟台。后来，人们常用"狼

慕田峪长城

慕田峪长城位于北京东北75千米处怀柔县的三渡河乡，建于明代隆庆、万历年间。这里的长城由东南向西北蜿蜒起伏，穿行于800～1000米的高山深谷中，既有八达岭之雄伟，又有金山岭之险峻。

烟遍地""烽火连天"来比喻战争。

不过，世界上没有攻不破的城堡。当年李自成率领的农民起义军，就攻破了有重兵把守的八达岭和居庸关，打入了北京城。难怪明末清初学者顾炎武评论感慨说："地非不险，城非不高，兵非不多，粮非不足，国法不行而人心去也"。

八达岭长城

☆蓟县独乐寺的由来

天津蓟县城西门内有一座独乐寺,据说是安禄山在此起兵反唐的地方。寺始建于唐代,重建于辽统和二年(984年),是中国古代木结构建筑的代表作。

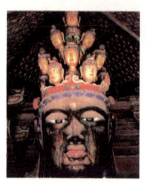

独乐寺大佛

寺内主体建筑为山门和观音阁。山门的屋顶为五脊四坡式,是我国现存最早的庑殿顶山门。观音阁外观为两层,中间有一暗层,实为三层,面宽五间,进深四间,平檐歇山顶。阁内供一尊高16米多的观音像,正中为空井。这座大阁建成以来,已有1000年历史,经历过近30次地震,其中有3次地震达到8级,震中就在蓟县县城附近,寺内房屋坍塌严重,唯有观音阁不受损伤,只在二层灰泥墙上有几条小裂缝。

阁内所供观音头上还顶着10个小佛头,称为十一面观音,这是我国最大的泥塑之一。两侧胁侍菩萨和山门内天王像等也是辽塑,塑工颇精。观音阁下层四壁布满了明代画师所绘的罗汉像、山林泉石和世俗生活等壁画。

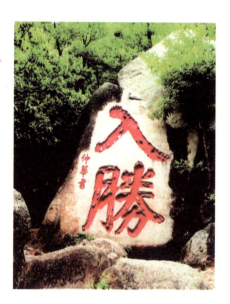

盘山

盘山是天津地区最为著名的风景区,有"京东第一山"之称。它集自然风光和人文胜迹于一身,是全国十五大名胜之一,它位于蓟县县城西北12千米处,这里峰奇林茂,怪石横生,如同仙境一般。

自然景物可分为上、中、下三盘,统称为三盘胜境。上盘为自来峰一带,以古木遮天的松胜见长;中盘即古中盘一带,以石胜见长;下盘为晾甲石一带,泉水四溢,以水胜见长。盘山的石景大都因形成趣。

天津独乐寺

黄崖关

黄崖关八卦城

天津境内也有长城，它横贯蓟县，在群峰之巅蜿蜒伸向远方。在这段长城中部，峰奇林密的王帽山间，矗立着一座险要的关隘——黄崖关。它的地基都由周长丈余巨石砌成，城墙则为砖砌。除主墙之外，在险要地段还筑有重墙。险峰之上则筑有敌楼，作为驻军和御敌的堡垒。可见其地势之险要。黄崖关街道十分特别，横纵交错，呈八卦状分布，被人称为"八卦街"。人们置身其中，往往不辨方向，如入迷宫。

☆天津的称呼是怎么来的

我国第二大综合性工业城市天津是由一个小渔村发展而来的。"天津"一名始于明成祖时期，它的兴起经过了一个漫长的岁月。最初，天津地区不过是一片人烟稀少的海湾，当地人以渔猎为生。

直到唐代，于今日天津范围内的临海地带，才建造起一座小城，叫"军粮城"，是转运军粮的专用码头。

到北宋时期，这座"军粮城"成为宋辽边界的"三女寨"，这是在史书中可见的最早的一个关于天津的称呼。金朝时改称"直沽寨"，不过其规模仅相当于一个小村镇。

元朝时期，直沽寨的地位日益重要。由于元都城在北京，所需粮食却要来自南方，而此时，运河的运输量有限，这样，海上运输异常繁忙，当粮船进入海河后，必须经过直沽运抵北京。1279年，元朝皇帝在此

古文化街

位于天津市南开区。原为官南、官北大街，建于元泰定三年（1326年），是天津重要的南北货集散地。1985年在此建古文化街，并修复天后宫。街全长680米，南北两口各设牌楼一座，镌刻金色大字"津门故里""沽上艺苑"。街中心为宫前广场。街东西两侧有90余座清式仿古建筑，经销各种传统文化艺术品。檐下、枋间配以构图生动的人物故事图画，点缀着民俗气息浓郁的雕刻装饰，显得格外古朴、典雅。在古色古香的店堂里，除泥人张彩塑、杨柳青年画、魏元泰风筝、玉丰泰绢花及民间剪纸外，还有文物古玩、古籍图书和各地著名的文化用品等。

天津市塑

设立海运米仓，继而设置接运厅；并命重兵守护，1316年将其改称为海津镇。

明成祖时，"尝由此济渡沧州"，并"凿池筑城"。"天津"这一称呼便由"天子经由之渡津"之意得来。

清初，以天津为中心的长芦盐业兴盛起来，大量海盐由此南运，再加上原有的漕粮北上，天津城市加速发展。因此，天津由卫升州，很快又以府易州。

到了近代，内河航运中止了。但是天津因为在鸦片战争中被辟为通商口岸，海上贸易遂从此而兴旺。逐渐地，天津成为华北最大的商埠和全国第二大港口。

纵观历史，天津在历经2000年左右的风雨沧桑后，终于从战国时期的一片荒凉的渔猎区，走到今日我国的大城市和北方巨大的经济中心的行列里来。

☆ 承德避暑山庄

避暑山庄又称热河行宫或承德离宫。康熙四十六年(1707年)，兴建初具规模，称热河行宫。康熙五十年(1711年)，康熙在山庄的内午门上题额"避暑山庄"。园内原有宫殿庭园、寺庙等各种建筑物约120处，风景点72处，其中康熙题名36处，乾隆题名36处。山庄内的建筑不用雕梁画栋，飞檐斗拱，而是以朴素淡雅的山村野趣为基调，取自然山水的本色，兼有江南塞北的园林之美。这处规模宏大的皇家园林占地面积564万平方米，周围绕以虎皮石墙，随山势起伏，长达10千米，有大小10个门出入。山庄共分宫殿区和苑景区两大部分，苑景区又可分为湖区、平原区和山峦区三部分。

避暑山庄正门名丽正门，这是袭用元

丽正门

丽正门是避暑山庄的正门，也是正宫的前门，建于乾隆十九年(1754年)。建筑风格承袭了明代"门上筑堞起楼以壮其观"的作法，下设三个门洞，上建齿状矮墙与墙楼。不论远观或近望都给人以雄浑之感。

大都皇城正门的名字。门前题额和乾隆题
诗用满、汉、蒙、藏、维五种文字。正宫
大殿名澹泊敬诚殿,乾隆时全用楠木改建,
所以又叫楠木殿。每当夏季,殿内楠木散
发出浓郁的香气。

宫殿区北部有一组建筑,主殿为"万
壑松风",是清帝读书、批阅奏章和接见官
员的地方。这里地势较高,北临湖区,布局
灵活,主殿周围还有一些平房,用回廊连
接。乾隆幼时,常在这里读书,陪侍康熙
帝。继位后为纪念祖父的慈爱,将主殿改
名为"纪恩堂"。

宫殿区东部的一组建筑,称为东宫,
这里有勤政殿,是皇帝处理朝政的别殿。
东宫之北有水心榭,是架在下湖与银湖之

康熙皇帝书"避暑山庄"匾

间石桥上的三座亭榭,为目前山庄内保存
较完好的一处景区。

避暑山庄的湖水总称为塞湖,由热河
泉水、山谷瀑布和雨水汇成。芝径云堤横
穿湖中心,是仿西湖苏堤而建。长堤连接
着如意洲、月色江声和环碧三个岛屿。如
意洲是山庄的主要风景点之一,原有很多

避暑山庄

建筑,是清帝接见蒙古王公贵族、举行宴会的地方。现尚存无暑清凉殿和延熏山馆等。

平原区的主要风景点有万树园,这里北依山麓,南临湖区,占地约80公顷,种植各种名木佳树,西边地面空旷,绿草如茵,是清帝巡幸山庄时放牧的地方。平原区西部的文津阁,是皇家七大藏书楼之一,为庋藏《四库全书》仿照浙江宁波天一阁而建。与北京故宫的文渊阁、圆明园的文源阁、沈阳故宫的文溯阁合称"内廷四阁",又称"北四阁"。

山峦区中最著名的风景点是梨树峪,因这里种有万树梨花,品种较多,每到春季,花香袭人,花色如雪。山庄东边五里有一座磐锤峰,又名棒锤山,峰顶有一巨大的石棒锤斜立,下面有石台。棒锤高38.29米,顶部直径15.04米,根部直径10.7米,生成300万年以来,一直挺立不倒,为承德一大奇观。避暑山庄芳园居的山岭上,专门建造了一座敞亭来观赏这一奇景,亭名"锤峰落照"。每当夕阳西下时,东面诸峰都已笼罩在暮色之中,唯有磐锤峰映着夕晖,显得格外孤高挺拔。

金山

在避暑山庄澄湖东侧。包括"康熙三十六景"第十八景的"天宇咸畅"和第三十二景的"镜水云岑"两组建筑。康熙帝南巡,欣赏江苏镇江金山景物,因此于山庄内仿造此景。筑亭台楼阁于怪石之间,三面环湖,一面临溪,一派江南景色。金山的建筑设计玲珑精巧,高低前后错落有致,匠心独运。

☆ 承德外八庙的由来

在承德避暑山庄外围的东面和北面，星罗棋布的分布着宏伟壮丽的巨大喇嘛庙建筑群，这就是名闻遐迩的外八庙。

外八庙原有寺庙11座，其中溥善寺、普佑寺、广安寺、罗汉堂已毁，现仅存7座。它们是溥仁寺、普宁寺、安远庙、普乐寺、普陀宗乘之庙、殊象寺、须弥福寿之庙。这些寺庙均为康熙和乾隆时修建的。因当年有10座寺庙分属8个办事机构管理，位置又在避暑山庄之外，所以习惯上称为"外八庙"。这是清朝政府为了加强对北部边疆及西北少数民族和西藏的管理，利用蒙藏两族对喇嘛教的崇拜和服从观念，把喇嘛教作为一种联系和统辖的纽带而建立的。寺庙的位置及规模都由皇帝钦定，题额、匾联及碑文也都是皇帝撰写。寺庙主体都是殿式建筑，屋顶除了藏式建筑的平

磬锤峰

位于避暑山庄的东北方向，因山顶有石，状如棒槌而得名。"棒槌"突兀于山顶平台之上。山峰为主要景观，由底面至峰顶高近60米，"棒槌"本身高近40米，其顶部生有古桑树一株，据传是国内现存最古老的桑树。在其南方有一巨石，状如蛤蟆，俗称"蛤蟆石"，与"棒槌"遥相呼应，实为难得的天成之胜景。

须弥福寿之庙主楼

顶外，主殿都使用琉璃瓦以及铜制镏金鱼鳞瓦，显示了清王朝对喇嘛教的尊崇和国家的富强。乾隆时期修建的9座寺庙，都面向皇帝居住的避暑山庄，以山庄为轴心，在东面和北面整齐排列，形成一种众星捧月的态势。这是康乾盛世发展时期的产物，也是我们多民族国家统一和发展的历史见证。当年各少数民族王公贵族来此观瞻和居住时，曾留下许多佳话。

文津阁

避暑山庄文津阁和北京故宫的文渊阁、圆明园的文源阁，以及沈阳故宫的文溯阁合称"内廷四阁"，是储藏《四库全书》和《古今图书集成》的地方，因而甚为著名。

始皇登上碣石山后，在山上刻写了著名的"碣石门辞"，主要内容是歌功颂德。由于年代久远，这一处刻石已找不到了。但碣石山却从此声名大震，历代皇帝、名人都慕名而至。后来，汉武帝刘彻也带文武大臣登临碣石，因而碣石山主峰仙台顶又称"汉武台"。三国时曹操也曾登此山，并写下流传千古的名诗《碣石篇》。毛泽东在《浪淘沙·北戴河》中所说的"魏武挥鞭，东临碣石有遗篇"，指的就是曹操登山题诗一事。秦皇岛西南海滨称作北戴河，古时为海运积储之地，后清光绪年间勘测铁路路线时，被外国工程师发现，被誉为理想的海水浴场。

☆秦皇岛和北戴河

秦皇岛是山脉伸入水中演变而成的半岛。相传秦始皇曾经在求仙出游时，驻扎在这里，所以得名。因为拥有避暑胜地北戴河、历史名城山海关和天然不冻良港而驰名天下。

史载公元前215年秦始皇东巡时，到达了秦皇岛附近的碣石山，还曾派人去寻找过山里的仙人。"俗传秦皇至此山见荆，愕然曰：'此里师授吾句读时所用扑也。'下马拜，荆皆垂首向地，如顿伏状。至今犹然。"扑，为古时责罚学生和徒弟用的教鞭。故事说山上的荆条在秦始皇面前也不敢直起腰来，表示受用不起如此大礼。秦

老龙头

位于山海关城南5千米的临海高地上，自身形成半岛伸入渤海之中。这座呷角高地，海拔25米，依山襟海，长城耸峙海岸。优越的地理形势，加上精心建造的军事防御工程，构成了老龙头这座名副其实的海陆军事要塞。老龙头是明代长城的东部起点，万里长城从这里入海，也是从这里开始，逶迤西去，跨越崇山峻岭，横穿沙漠，直奔大西北。登上老龙头，面对波涛汹涌、云水苍茫的大海，可以饱览这独有的海上长城雄姿。

☆天下第一关

长城的第一关是山海关,在秦皇岛市东北15千米,处于渤海湾尽头。明洪武十四年(1381年)魏国公徐达在此创建关城,设立卫所,因关城处于山海之间,始名山海关。这里是华北和东北之间的咽喉要冲,地势险要,历来为兵家必争之地。明末李自成和山海关总兵吴三桂官兵激战于石河西岸,后李自成战败撤退,于是清军从洞开的关门驰入中原,明王朝就此灭亡。

山海关城是四方形,有四座关门。东城门就是"天下第一关"。关口是一座高12米的长方形城台,东西向,东边即关外,西边为关内。南北连接长城。城台中间有一座巨大的砖砌拱门,有关门可以开闭。城台上筑楼,为两层重檐歇山顶,高13米,宽20米,进深11米。上层额枋前悬有"天下第一关"的巨幅匾额,楼下是山海关的东城门。"天下第一关"每个字高1.6米,笔力雄浑,过去讹传为严嵩所书,其实是明成化八年(1472年)进士、本地人萧显所书,原匾现藏在楼下,楼上收藏光绪八年摹刻的匾,楼外悬挂的是1929年摹刻的。

☆山海关姜女庙

山海关东门外6.5千米,八里堡之南有姜女庙(贞女祠),据《临榆县志》载,这座祠庙创始于宋代以前,明万历二十二年(1594年)重修。民间流传的孟姜女故事,说的是秦始皇时书生范杞梁为逃避徭役,奔走他乡,娶孟姜女为妻,正当两人成亲时,范杞梁被抓去修长城,一去不归。孟姜女为送寒衣,千里寻夫,来到长城边上,因找不到丈夫,痛哭了三天三夜,长城城墙被她哭倒,露出范杞梁尸体,她悲痛万分,投海自尽。孟姜女的传说是从春秋时范杞梁妻的故事衍化而来的。后人据此建庙纪念,将这里的山石都与孟姜女联系起来。庙后的两块巨石,命名为"望夫石",据说是姜女望夫的地方。石后有"振衣亭"和小石台,传为孟姜女梳妆打扮和更衣的地方。望夫石之间的小坑,俗传是孟姜女望夫所踏出的足迹。庙东南4000米渤海中有两块礁石突出海面,

山海关

31

孟姜女庙

传说高的是姜女碑,矮的是姜女坟。姜女祠在望夫石前,现尚有山门、前殿、后殿等建筑。前殿塑孟姜女像,面带愁容,身穿素服,左右有童男童女侍立。龛上有"万古流芳"的大字匾额。两楹对联为:

秦皇安在哉万里长城筑怨,

姜女未亡也千秋片石铭贞。

意思是说秦始皇今天又在哪里呢?万里长城是由无数人民的怨恨筑成,姜女虽死而犹存,千秋之下有望夫石铭刻她的忠贞。相传对联是南宋著名爱国文人文天祥所作。庙建在山岗上,有108级石阶可达山下。庙门前有一副奇特的对联:

海水朝朝朝朝朝朝朝落,

浮云长长长长长长长消。

这幅对联应当念如:海水潮,朝朝潮,朝潮朝落。浮云涨,长长涨,长涨长消。之所以这样写,是利用古汉语中朝和潮有时可通写作"朝",长和涨有时可通写作"长"的道理,虽是文字游戏,倒也有些意思。

☆ 清 东 陵

清代的东陵,位于北京以东125千米遵化县马兰峪的昌瑞山,是规模宏大、体系较完整的古代帝后妃陵墓建筑群。传说当年顺治曾来到这里游猎,看到山峦王气葱郁,就取下射御钩弦用的板指,投向上空时对侍臣说:"板指落处,必定是佳穴,可以作为朕的寿宫。"此山从此被划为风水宝地,共埋葬有5个皇帝、14个皇后和136个妃嫔。其中以乾隆的裕陵和慈禧的定东陵最引人注目。裕陵地宫工程浩大,既是一座雕刻艺术宝库,又是一座庄严肃穆的地下佛堂。定东陵的建筑豪华更是超过了所有清代帝后的陵寝,光是随葬的宝物当时就价值5000万两银子。正因为如此,清东陵珍宝引起许多匪盗的觊觎。最令人发指的是1928年7月军阀孙殿英的盗宝案。孙殿英借剿匪之名进入陵区,炸开金刚墙,

东陵慈禧太后陵

东陵乾隆裕陵

盗走定东陵慈禧墓室里的所有珍宝。他的一名旅长韩大保炸开了裕陵入口,将墓室里的珍宝洗劫一空。此案败露后,轰动中外,国人一致要求严惩首犯孙殿英。结果孙殿英耍了一套江湖骗术,不仅保全了自己,还保释了盗陵的一位师长,一直逍遥法外。1947年孙殿英在河南汤阴战役中被解放军俘虏,后来死在监狱中。

遵化顺治孝陵隆恩殿

清东陵

清东陵有帝陵五座,即孝陵(顺治)、景陵(康熙)、裕陵(乾隆)、定陵(咸丰)、惠陵(同治)。始建于顺治十八年(1661年)。

清东陵北靠昌瑞山,西傍黄花山,东临丘陵,正南有天台、烟墩两山对峙,形成天然的陵口——龙门口。入龙门口,穿石牌坊,至陵区大门——大红门。石牌坊高13米,宽32米,总体建筑构架为五间六柱十一楼,由巨大的汉白玉石块雕刻成庑殿式屋顶。

☆ 清 西 陵

清西陵距北京120千米,离东陵200多千米。一朝建两个陵墓群,常常令人费解。按道理,清东陵先后已葬着顺治、康熙两代帝后,雍正皇帝遵从祖制也应在东陵建陵。但他却没有,反而认为原在东陵选的陵址"穴中之土又带沙石,实不可用",找了个借口。实际是他为争夺皇位,残杀兄弟,诛戮近臣,感到坏事做得太多了,不愿死后守在父皇跟前受责。于是,大臣们又重新替他选陵址,终于在易县秦宁山天平峪找到了"风水宝地",认为此地是"乾坤聚秀之区,阴阳合会之所"。雍正当然十分满意,但又怕离东陵太远,与古制典礼不合而遭指责,便让大学士九卿会议讨论。善于体察圣意的大臣们自然知趣,

雍正泰陵隆恩殿

引经据典地说明历史上各代营建帝王陵地有过许多分建的先例，而且说此地"与京师密迩""其地实未为遥远"，可谓用心良苦。雍正于是遂了心愿。从此，雍正、嘉庆、道光、光绪都陆续在此建陵。整个陵区占地800平方千米，陵界周长100千米，规模宏大。

西陵道光慕陵隆恩殿局部

清西陵

清西陵始建于雍正八年(1730年)，这里先后修建了4座帝陵，即泰陵(雍正)、昌陵(嘉庆)、慕陵(道光)和修建最晚、民国四年(1915年)才竣工的崇陵(光绪)。这里并附建了后、妃、王爷、公主等陵14座，共葬77人。陵区建筑面积达50万平方米，陵内殿宇千余间，石雕刻和石建筑百余座，构成一个规模宏大、富丽堂皇的古建筑。

☆平遥古城

位于山西省中部，相传这里是帝尧的封地，史称"古陶"。进平遥古城，如同走进一座大型的历史博物馆，让游人流连忘返，感慨万千。

平遥是遗存丰富的文物大县。现在全国重点文物保护单位3处、省级重点文物保护单位6处，县级重点文物保护单位90处，是国务院公布的第二批国家历史文化名城之一。1997年12月被联合国教科文组织颁布为"世界文化遗产"。平遥文物古迹保存之多，在国内确属罕见。

平遥古城

平遥双林寺千手观音彩塑

☆晋祠的由来

晋祠在山西太原市西南25千米悬瓮山下晋水发源处。始建于北魏前,为纪念周武王次子叔虞而建。叔虞封唐,这里因有晋水,后来改国号为晋,后人就用"晋"来名祠。唐叔虞祠就是晋祠。关于叔虞封唐,还有一个有名的历史故事。据《史记·晋世家》说:周成王与叔虞一起游戏,成王摘下一片桐叶削成玉的样子。给叔虞说:"把这个封给你。"史佚就请选择吉日正式封叔虞。成王说:"我是和他说着玩的。"史佚说:"天子无戏言。"于是叔虞便被封在唐。

晋祠

晋祠圣母殿

建于北宋圣元年间,距今900多年,其中保存着北宋无名艺术家塑造的40余个官女像,姿势、神情优美动人,是宋代皇室生活的缩景,是我国宋塑中的精品,不失为我国雕塑艺术史上的瑰宝。

晋祠屡经修葺变迁,至北宋天圣年间曾大规模修建。祠内为叔虞之母邑姜建造了一座规模宏大的圣母殿。这座大殿是晋祠的主建筑,至今仍保留宋代的形制和结构,大殿四周围廊,殿前廊柱上有木雕盘龙八条,大殿内空间较宽,斗拱用材大,出檐深远,侧脚升起显著,是国内规模较大的一座宋代木构建筑。

晋祠有三绝。一是周柏隋槐,自北周、隋至今,依然茂盛葱郁。二是圣母殿内宋代彩塑43尊,主像为圣母,其余是宦官、女官、侍女等。圣母凤冠蟒袍,端坐在凤头椅上。侍女手里都拿着侍奉的东西,有的伺候饮食,有的负责梳洗,有的专管打扫。眉眼有神,姿态自然,塑工精美,是宋塑中的珍品。三是晋水源头难老泉。晋水就从这里流出,长年不息,水温保持在

晋祠流水景致

17℃，每秒流量1.8立方米。源头上建水母楼，内塑水母塑像和侍女。水母的形象是根据一个民间传说塑造的。相传晋祠北面的金胜村有一个柳氏女子，嫁到古唐村来作媳妇，受婆婆虐待，每天挑水。有一天碰到一个白衣大士向她讨水饮马。饮完后白衣大士送她马鞭一根，说将这根马鞭插在水缸里，要水时提起鞭子，水就上升。柳氏一试，果然如此。后来婆婆见到这支鞭子，把它抽出水缸，水就从缸中溢出，柳氏回家后忙用坐垫坐在缺口，但水还是源源不断地从瓮底下流出来。所以当地有句话叫"柳氏坐瓮，饮马抽鞭"。晋水源头名悬瓮山，这故事或与山名有关。

☆五台山塔院寺

塔院寺原是五台山显通寺的一个塔院，高大的舍利白塔居于其中，明朝重修舍利塔，这里才独立成寺。现在，雄浑巍峨的

大舍利塔已经成为五台山的标志。

塔院寺之所以闻名遐迩，与寺内两件佛教藏物神奇的传说有关。据传汉代时古印度高僧摄摩腾来到中国后，看到五台山很像释迦牟尼在印度讲经说法的灵鹫山，而且山下还有一座古印度阿育王所造的舍利塔，于是便奏请汉明帝，在舍利塔上盖起了高塔，周围建寺庙。这神秘的舍利塔，原先埋藏在地下，明代重修大塔时把它置于大塔中。塔为砖砌，外涂白垩，塔高50多米，下为须弥座，刹顶华盖、仰月、宝珠等皆为铜制镏金，颇为壮观。在大白塔东面，有一座两丈来高的砖塔，叫文殊发塔。传说有一年塔院举办无遮大会斋，有位蓬头垢面的妇女领着两个小孩和一条小狗，手拿一绺头发对放斋的执事僧说："法师啊，我身无分文，用这绺头发做施舍行不行？"执事顺手把头发扔到一边，让人盛了三碗粥给她。贫妇又说："狗有生命，也该给一份。"执事又勉强给了一份，贫妇却说："我腹内有子，尚须分食。"执事面露怒色："你真贪得无厌！"贫妇脱口而出："苦瓜连根

五台山灵峰胜景

五台山白塔

苦,甜瓜彻蒂甜。是吾超三界,却被阿师嫌。"说罢,跃身腾空,变成文殊菩萨,孩子变成仙童,狗也变成座下雄狮。众僧斋客望空便拜,执事僧悔之不迭。后来把这绺头发建塔藏之。

五台山

　　位于五台县东北,距太原市230千米。景区内五峰高耸,平均海拔在2500米以上,其中北台最高,达3058米。五座山峰峰顶平坦如台,故而得名。景区总面积达2837平方千米,植被丰富,气温较低,是理想的避暑之处。五台山为中国佛教四大名山之一,为文殊菩萨的道场。自东汉始在此修建寺庙,现共存47处,主要有显通寺、塔院寺、南禅寺、佛光寺等著名禅院。

　　台怀镇是五台山的中心地带。在五台山现存的40余座寺庙中,台怀镇就集中了10多座。所以一般人说去五台山,主要指的是台怀镇。

☆北岳悬空寺

　　北岳恒山,又名元岳、常山。传说4000年前舜帝巡狩四方,来到此山,见山势雄伟,便封为北岳。恒山西当雁门关,东跨河北省,连绵几百里。主峰在山西浑源县城南,海拔2017米。分东西两峰,东为天峰岭,西为翠屏山,双峰对峙,浑水中流,历来是兵家必争之地。古代这里有十八胜景,现在还有朝殿、会仙府、九天宫、悬空寺等10多处楼台殿宇。悬崖峭壁上多留有古人题咏。自然景色有岳顶松涛、夕阳返照、金鸡报晓等。悬空寺是恒山奇观之一。寺始建于北魏时期,距今约有1400多年的历史。全寺有殿宇楼阁40间,悬挂在恒山之麓金龙口西崖的峭壁上。崖壁呈90°垂直。陡崖上凿洞眼,插入悬梁,挑出崖外,再在悬梁上铺板立柱,构筑梁架,建成殿阁楼台。挑出崖壁较远的建筑下有立柱支撑。40余间建筑物从山崖南面一字排

恒山和悬空寺

37

悬空寺

　　位于浑源县城南的恒山峡谷峭壁上,是我国古代建筑中的奇迹。悬空寺始建于北魏,距今已有1400多年。楼阁3层,共有大小殿宇40间,错落有致地嵌在翠屏峰绝壁之上,距谷底竟有90多米。远远望去,宛如座座琼楼玉宇从空中冉冉而降。这就是著名的恒山十八景之一的悬空寺。

　　开,贴伏在崖壁上,地势险窄。又有两座三层檐歇山顶殿阁,南北高下相对,中隔断崖,架栈道相通,上面又起重檐楼阁两层,高低参差,错落有致。寺内主要殿堂有三官殿、三圣殿、三教殿等。三官殿供道教三官,即天官、地官、水官三神。三圣殿供释迦及弟子像。三教殿供孔子、老子、释迦,以示三教合一之意,而释迦居中。栈道石壁上刻有"公输天巧"四个大字,意思是寺院的建造像公输般一样天工巧成。这座寺主要以建筑构思奇特著名。当地民谣说:"悬空寺,半天高,三根马尾空中吊。"可见它的奇险。寺内保存的一块清同治三年的石碑,记载着当时维修悬空寺时的情

况:木匠们都用一根大绳系着大圈围在腰间,再挽一个圈蹬在脚下,把绳头结在上层山崖上,人悬荡在半山腰间,随着更换的梁木支柱上下游走,用不到一年的时间修完全寺。可以想见当初建寺时也是采用这样的办法来施工的。寺内还有铜铸、铁铸、泥塑、石雕的人物像80余尊,以及各种碑刻题字,也都有文物价值。

☆ 大同云冈石窟

　　云冈石窟位于大同市西15千米的武周山南麓,因武周山最高处称作云冈,故名。它始建于北魏文成帝和平元年(460年),大部分石窟完成于北魏孝文帝迁都洛阳(495年)之前。石窟依山开凿,东西绵延达1千米。现存主要洞窟53个,故雕像多达51000多尊。

　　北魏时期为什么开凿了如此之多的

云冈石窟

石窟呢？北魏政权是我国古代北方的鲜卑族的一支拓跋氏建立的。到北魏第三代皇帝太武帝时，统一了中国北方，与南朝相对抗。作为北方的少数民族，北魏政权开始进入中原地区时，就非常重视佛教的作用，把佛教作为国家公认的宗教。甚至专门请赵郡沙门法果高僧担任沙门统，统管全国僧徒。而法果更是主张拜天子等于拜佛，说"现在的皇帝就是现在的如来"。崇信道教的北魏第三代皇帝太武帝焚经灭佛之后，第四代皇帝文成帝随即掀起狂热的兴佛运动。当时的沙门统昙曜高僧，不仅促成皇帝大兴寺院，而且为了确保发展佛教事业的财政基础，还设立了僧祇户和佛图户制度。从公元460年开始，他用5年的时间，主持开凿了著名的"昙曜五窟"，把皇帝即如来的思想造型化了。他为北魏开国后的五位皇帝各凿一窟，塑一佛像，以示君

云冈石窟第20窟佛祖像

权神授。从此，中国大规模营造佛窟的历史序幕拉开了，开了中原地区缘山凿洞的先导。云冈石窟完成了石窟艺术自西域东渐以来优美的石刻造型，被誉为东亚佛教美术的母胎。

☆ 永济普救寺

普救寺位于山西永济县西北，南眺中条山，西临黄河湾，始建于隋末唐初，距今已有1300多年的历史。普救寺有名不在于历史悠久，而在于元代戏剧家王实甫的传世之作《西厢记》诞生之后。西厢就在普救寺。

普救寺初建时，名叫三清院，后又称西永清院。传说五代时，河东节度使造反，后汉派郭威起兵讨伐。因防守坚固，郭威围困蒲州即今永济长达一年之久，攻克不

云冈石窟外景

下，便召来西永清院中的僧人询问对策。僧人说："将军发善心城即克矣！"郭威折箭为誓："城克之日，不戮一人。"第二天，果真攻下蒲州城。从此，西永清院便改名普救寺。

早年间，整个寺院十分壮观，不仅有金碧辉煌的佛殿，还有精巧玲珑的东西两排厢房，共有300多间房子。紧靠西厢的墙外，还建有一个花园，相传是唐朝的崔相国建筑的佛居别墅，曾经为崔老夫人和莺莺所住。当年张生便住在西厢书斋，与别墅仅一墙之隔。张生相思病重时，莺莺写有"待月西厢下，迎风户半开，隔墙花影动，疑是玉人来"的诗与张生约会，后来在丫环红娘的帮助下，终成眷属。由于崔张爱情故事曲折动人，加上王实甫注重人物内心刻画及文采的华丽，使得《西厢记》成了家喻户晓的故事，而普救寺也就越发闻名。甚至连寺内的舍利塔也改称"莺莺塔"了。此塔高约30米，塔身13层，为楼阁式砖结构，是我国现存四大回音建筑之一。

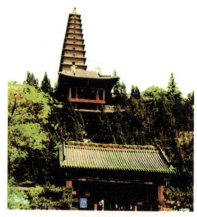

普救寺

应县木塔

应县木塔是我国现存最古最高的一座塔式建筑，坐落在应县城内佛宫寺中，因塔内供释迦如来，命名佛宫寺释迦塔。现存牌坊、钟鼓楼、大雄宝殿及左右配殿都是清代重建所造，只有木塔为辽代原构。木塔为八角形，高达67.31米，底层直径为30.27米，五层六檐，塔底有三漕柱，各楼层间设有暗层，各明层外柱均立在下层外柱的梁架上，并向塔心收进半径，从而构成塔身极为优美的收分曲线。木塔的稳健要归功于内部的双层环形空间构架，各层均用内、外两圈木柱支撑，每层外有24根柱，内有8根柱子。木柱之间使用了许多斜撑、梁、枋和短柱，组成不同方向的复梁式木架，使整个塔连接成一个整体。这就是应县木塔稳如铁塔的奥秘。

☆昭君墓

昭君墓在内蒙古呼和浩特市南9千米大黑河南岸的冲积平原上。王昭君名嫱，西汉南郡秭归（今湖北兴山县）人。汉元帝时入宫为待诏，竟宁元年（前33年），呼韩邪单于入朝请求和亲。昭君自愿出嫁到匈奴，后立为宁胡阏氏。据史书记载，昭君之所以请求出塞，是因为入宫几年，不得皇帝宠幸，悲愤积郁所致。在辞别汉帝的宴会上，昭君着意修饰了一番，光艳照人，惊动左右。元帝大惊，想要挽留，但不能失信于匈奴，只好任她远嫁而去。公元前33年，昭君随呼韩邪自长安出塞。不久为呼韩邪生了个儿子。呼韩邪死后，又按照匈奴习俗，嫁给呼韩邪原来的妻子大阏氏所生的长子，生了两个女儿。晋朝因避讳皇帝司马昭的"昭"字，称昭君为明妃。

昭君的遭遇极富传奇色彩，因此引起后代许多文人的兴趣和猜测。尤其是昭君如此美貌，竟没有被元帝发现，其原因该如何解释呢？南朝文人吴均《西京杂记》说是因为元帝后宫宫女太多，不能一一面见，所以让画工把她们画下来，按图召幸。宫廷画工便趁机向美女勒索钱财。王昭君不肯贿赂画工，画工便故意将她画丑，因此元帝没有见到她。直到辞别之时，才发现她的惊人美貌，一怒之下，将京师画工都杀光了。

昭君墓远看青色朦胧，据说塞外草白，独有昭君墓草青，所以历代相传，称为青冢。

今存昭君墓高33米，是夯土堆成，墓上草色青青，有许多高大的树木，墓前墓顶各建有亭。墓前有董必武《谒昭君墓》诗碑："昭君自有千秋在，胡汉和亲见识高。词客各摅胸臆懑，舞文弄墨总徒劳。"意思是昭君自愿和亲，使胡汉两族和平相处，见识很高，自应千秋留名。而历来词客舞文弄墨，不过是各自借她抒写自己胸中的愤懑，不能掩没昭君为民族团结所做出的历史功绩。这无疑是对昭君所作出的最公正的评价。

昭君墓

☆成吉思汗陵

成吉思汗陵,坐落在内蒙古鄂尔多斯市伊金霍洛旗的甘德尔敖包上。现在的成吉思汗陵,只是一个衣冠冢。而真正的墓穴,一直是700多年以来的秘密。

成吉思汗,名叫铁木真,是我国古代蒙古首领、军事家和政治家。他统一蒙古诸部,建立蒙古汗国,对蒙古社会发展起了积极的进步作用。1205年,成吉思汗取得了统一蒙古的伟大胜利。次年,蒙古各部召开联盟会议时,推举44岁的铁木真为全蒙古的大汗,尊为成吉思汗。成吉思汗在蒙语中是像大海一样的国王之意。1227年,成吉思汗病死在征服西夏的军旅中。按其遗嘱,为了顺利征服西夏,"秘不发丧"。西夏归降以后,诸将"奉枢归蒙古,遇人皆杀之。"到大本营之后,举行了隆重

成吉思汗陵

的但只有少数王公参加的葬礼。

为什么现在人们找不到成吉思汗的葬地呢?原来古时蒙古有习俗:贵族死后,埋入地下"不起坟垄。葬毕,以万马蹂之使平,杀骆驼子其上,以千骑守之。来岁春草既生,则移帐散去,弥望平衍,人莫知之也。欲祭时,则以所杀骆驼之母为导,视其踯躅悲鸣之处,则知葬所矣。"

成吉思汗埋葬后,葬地还种了许多树木,以后"树木丛生,成为密林,不复能辨墓在何树之下。"若干年后,人们为了祭祀方便,便把成吉思汗生前用过的八顶白色毡宫帐奉为灵寝,后来在伊金霍洛建了陵地。蒙古族古谚"英明在世,不留其骨"大概自此流传。

成吉思汗陵外景

东北地区

DONG BEI DI QU

☆ 沈阳故宫

沈阳故宫又称盛京宫阙,是清初皇宫。满清入关后,称奉天行宫。宫殿始建于努尔哈赤天命十年(1625年),到皇太极崇德元年(1636年)基本建成。顺治帝于1644年在这里即帝位。乾隆、嘉庆时又有增建。共占地6万多平方米,房屋300多间,组成十几个院落,可分东路、西路、中路三大部分。中路为大内宫殿,东路以大政殿为中心,西路以文溯阁为中心,四周围绕高大的宫墙,南面正门名为大清门。在建筑规模上,虽比北京故宫小得多,但因当初建造时,就有模仿明制的意思,所以中路布局也接近北京故宫。

从大清门进入宫内,左右各有飞龙阁和翔凤阁对峙在广场两侧。大清门正对着处在中路前院正中的崇政殿。崇政殿俗称金銮殿,但只有五开间,这是皇太极处理日常政务、接见外国使臣和少数民族代表的地方。1636年,后金国号改为清,也在此举

沈阳故宫大政殿

行大典。清移都北京后,皇帝东巡,则在此临朝听政。崇政殿后,东有师善斋,西有协中斋,构成中院。中院以北为内宫,全部筑在高3.8米的高台上。内宫的门楼称为凤凰楼,高三层,歇山式屋顶,盖黄色琉璃瓦。这是当时盛京最高的建筑,"凤楼晓日"被喻为沈阳八景之一。皇帝在此计划军政大事,举行宴会。清入关后,这里贮藏《实录》、玉牒、及国初行用玉宝等。

西路以文溯阁为中心。文溯阁建于乾隆四十七年(1782年),专藏《四库全书》。建筑形式模仿浙江宁波的天一阁。乾隆十九年,皇家为庋藏《四库全书》,专门派人到宁波测绘天一阁的平面布局、建筑结构和书架尺寸,作为皇家七座藏书阁的模式。现在其他六阁所藏有的毁于战火,

沈阳故宫鸟瞰

凤凰楼

有的散失很多,只有沈阳故宫文溯阁所贮存的书籍最完整。

　　东路的布局是沈阳故宫与北京故宫差别最显著的地方,也是清初宫阙的特色所在。它以居于北端的大政殿为中心,南面东西两侧各列五座方亭,构成一组完整的建筑群。大政殿建于努尔哈赤时期,是皇帝举行大典的地方。十座方亭排列次序是:东边自北向南为左翼王亭、镶黄旗亭、正白旗亭、镶白旗亭、正蓝旗亭。西边自北向南为右翼王亭、正黄旗亭、正红旗亭、镶红旗亭、镶蓝旗亭,这是左右翼王和八旗大臣办公的地方。通称为"十王亭"。这种建筑布局是与八旗制度相应的。

　　沈阳故宫是我国现存仅次于北京故宫的最完整的皇宫建筑,具有浓厚的地方建筑风格,是满汉两族文化交融的实证。

☆ 沈阳东陵

　　沈阳东陵是清朝第一代帝王努尔哈赤及其皇后叶赫纳喇氏的陵寝,面临浑河,背倚天柱山。沿108级石阶拾级而上,万松苍翠,大殿凌云,十分壮观。

　　东陵本名福陵,因在沈阳以东,故而又称东陵。努尔哈赤是个叱咤风云的八旗首领,他戎马一生,统一了女真各部。

　　1626年,努尔哈赤率军攻打辽西宁远城(今兴城),明朝守将袁崇焕早有准备,防范严密。努尔哈赤先礼后兵,劝降没成便开始攻城,结果在指挥攻城时中弹落马。袁崇焕得知这个情况后,故意派人带着礼物和书信去见努尔哈赤。信中说:老汗王从来横行天下,今日败于小子之手,难道这不是天意吗?身负重伤的努尔哈赤看罢气得说不出话来,伤势恶化,百医无效,皇太极才在争夺汗位的斗争中站稳脚跟,决定为清太祖建陵。整个陵园占地近20万平方米,前后共修建了22年才基本完工。后

努尔哈赤墓

来,康熙和乾隆又进行了整修和扩建,才成为现在的规模。福陵既有汉族建筑的传统形式,又有满族建筑的风格特点。陵内现存有康熙亲自撰写的"大清福陵神功圣德碑",是较为珍贵的文物资料。

福陵隆恩殿

福 陵

沈阳的福、昭二陵,是闻名退迩的"关外三陵"中的两座,也是具有中国古代建筑特色和浓厚民族风格的帝王陵寝。

福陵位于沈阳东郊的丘陵上,占地194800平方米,地势自南向北逐渐增高。主要有正红门、碑楼、方城、月牙城,其中,方城是陵园的主体建筑,月牙城地宫是埋藏努尔哈赤和叶赫纳喇氏的棺木及骨灰的地方。

☆辽宁千山

千山是东北三大名山之一,位于辽宁省鞍山市东南25千米。千山原名千华山,又称千顶山、积翠山、千朵莲花山。共有峰峦999座,因山峰数目接近1000,故称千山。

千山历史悠久,早在1300年前,这里就有了寺庙建筑,到明清两代庙宇建筑越来越多,有五大禅林、八观、九宫、十二茅庵等掩映在千峰万壑之中。民间传说古时候千山这里是一片湖水,有一年五条恶龙兴风作浪,祸害百姓。美丽的仙子积翠仙姑为了治服恶龙,求助女娲娘娘。娘娘告诉她,用太阳为金线,用月亮为银线,用九天彩霞为布,织成千朵莲花抛入湖中,就能镇住恶龙。结果,积翠仙姑刚绣完999朵莲花,恶龙就杀上门来。虽然还差1朵莲

千山

46

花，但积翠仙姑不忍百姓遭殃，就抛出去莲花，这莲花被风一吹，立刻化成了999座山峰，压向恶龙。因为莲花还差一朵，湖里还有一个地方往外冒水，恶龙们想借机逃跑。积翠仙姑一急，跳进水里，变成一座山峰，把湖填平了。从此，五条恶龙被永远压在山底，再也不能兴妖作怪了。百姓为了纪念积翠仙姑的功德，就把千朵莲花山称作积翠山。清朝有一位进士游览千山后写诗赞美这里的景致说："明霞为饰玉为容，山到辽阳峦嶂重。欲问青天花朵数，九百九十九芙蓉。"

☆大连的名字是怎么来的

大连是我国北方的一座海滨城市，位于辽宁省南部。这座城市的名称是1905年2月正式命名的。那么，"大连"这个名字是怎么来的呢？

清朝光绪六年（1880年），北洋大臣李鸿章受命到现在的大连湾一带建立北洋水师和军港。当时的大连湾还没有正式名称。一日，李鸿章同一些僚属们察看海湾，极目远眺，海面上千帆摆动，万舸争流，船坞一个接一个地出现在海岸线上。一个大臣见此壮景，大发感慨："好大的阵势，连着海，接着天呵！"这句话给了李鸿章很大启示，他想了想，突然高声说道："海湾的名

白云山炮台

1880年至1890年间，李鸿章经营旅顺口军港，沿旅顺东西两岸筑有九座新式炮台，大炮多由德国克虏伯厂制造。甲午战争爆发后，旅顺口的军事设施被日军破坏殆尽，白云山的炮台就是那时的劫余之物。白云山上还有埋葬甲午烈士的"万忠墓"。

大连人民广场

称有了，就叫'大连'湾！既气派，又实际。"后来，李鸿章在给皇帝的奏折中就第一次使用"大连湾"这个名字。这样，这座海滨城市也就被称为"大连"。

☆长白山

长白山位于吉林省东南部中朝边境一带，因主峰白头山多白色浮石和四时积雪而得名。俗称老白山或白山，满语称果勒敏珊延阿林，意为"长长的白色山"。长白山以奇峰竞秀、天池斑斓、瀑布飞流和垂直景观闻名于世。

长白山火山岩

长白山著名的山峰就有16座。主峰白云峰海拔2691米，是东北第一高峰。清人刘建封在他的《长白山江冈志略》中说："二百里外即见此峰，白云遮绕，乃其常也。"他还在诗中咏叹道："看罢归来回首顾，白山依旧白云封。"传说早年间的白山下住着王家母子，有一年母亲生病，儿子王生按村里白发老人的指点，到山坡去采药。历尽艰辛困苦后，王生爬到这个宝剑似的最高峰，拣到又白又亮的石片，母亲吃后大病痊愈。于是，许多人都爬上山顶采药，却只看到层层白云。白云峰的名字就传开了。

天池位于长白山顶，为高山湖泊，是群山环抱的火山口，面积9.2平方千米，呈盆状，深处达310多米，池水终年外流不息。于是，在天豁峰与龙门峰之间，形成落差为68米的大瀑布，如银河倒挂，蔚为壮观。堪称叫绝的是随着山势的增高，从山脚到山顶，可以看到从温带到北极的不同景色。这种自然景色自下而上的垂直变化，在地理学上叫垂直景观带。长白山分四个景观带：针阔叶混交林带、针叶林带、岳桦林带和山地苔原带。1980年，长白山被列入联合国国际生物圈保护区。

松花江正源二道白河

☆ 镜 泊 湖

镜泊湖是我国最大的熔岩堰塞湖,位于黑龙江省宁安县境。镜泊湖原叫湄沱湖,唐代渤海时期称忽汗海、忽汉湖,明清时称为必尔腾湖,就是"平如镜面"的意思。

大约在一万年以前,由于火山爆发,熔岩堵塞了一段牡丹江河道,使上游水位上升,水面扩宽而成湖。湖体在群山环抱中呈南北狭长状,全长140多千米,号称百里长湖。

平地出高湖。在镜泊山庄北面的吊水楼瀑布堪称一绝:茫茫的镜泊湖水在这里沿着熔岩断裂面跌入百米深潭之中,宽约50米,落差达20米,其声如惊雷撼岳,其势若万马奔腾。湖中岛屿以天然无饰和富于变化而著称:白石砬子岩石裸露雪白,远望如笋立;大孤山、小孤山、道士山等山石嵯峨,青松古雅;珍珠门由并列湖中的

镜泊湖

两个小岛组成,恰似镶嵌在湖面上的两颗明珠。而岸边高耸入云的城墙砬子,不仅山势险要,更因为是当年渤海国上京路湖州城遗址,而引起人们的注意。由镜泊山庄向西45千米可以到达"地下森林"。地下森林是生长在火山口内壁上的森林,也

镜泊湖瀑布

☆扎龙自然保护区

全世界目前大约有1800只丹顶鹤，我国有1300只左右，而我国扎龙自然保护区就有丹顶鹤450多只。因此，人们把扎龙称为"丹顶鹤的故乡"。扎龙是国家级自然保护区。

扎龙位于齐齐哈尔市东郊，是个沼泽棋布、芦苇茂密的优美的风景区。整个湖区栖息着150多种鸟类。其中，鹤类就有8种，丹顶鹤、白枕鹤、蓑羽鹤等都是世界上稀有的珍禽。每年春和景明之时，鹤群偕侣携幼，从南洋岛国或长江中下流地区，飞到扎龙，产卵繁育。当金风送爽、芦花飘香的时候，它们便成群结队南迁了。不过，由于扎龙自然保护区的鸟类专家的科学驯养，一部分丹顶鹤已不再南飞，在这里定居下来。所以，即使在冰封千里的隆冬季节，丹顶鹤也能傲雪凌霜，悠然信步了。丹顶鹤外貌特征是白羽黑翎冠顶丹红，向来被视为鹤类中的骄子。丹顶鹤雄鹤和雌鹤结为伴侣之后，从不轻易分离，总是夫唱妇随。如果有一只不幸死去，另一只好长时间悲鸣不已，凄凉之声能传到几里之外。一般每只鹤能活五六十年左右，堪称鸟中寿星。所以，我国人民常把鹤作为长寿、吉祥的象征。"晴空一鹤排云上，便引诗情到碧霄"就是我国古代诗人对鹤的赞美。我国民间还流传着许多关于鹤的优美神话，并把鹤称为神鹤、仙鹤。

饲养员正在饲养丹顶鹤

西北地区

XI BEI DI QU

☆临潼秦始皇陵

秦始皇陵在陕西临潼县东5千米处。据《史记》记载，秦王嬴政在公元前246年即位为秦王时，就在骊山建造自己的坟墓。公元前221年吞并六国后，又征发各地"刑徒"（罪人）70万到骊山继续修筑，历时36年才完工。土葬，坟高50多丈，周围5里多宽。掘地极深，灌入铜液。墓中设有百官的牌位，建筑豪华的宫殿，珠玉珍宝更是无法计算。还用水银造江河大海，机械转动，水银流注。天上的大雁和水中的野鸭用黄金制成。又用人鱼膏（据说是生于东海中的一种四脚鱼）做烛，在墓中燃烧。还令工匠特制弓弩，有人穿坟盗墓，弓弩就会自动放箭。公元前209年，始皇入葬时，二世胡亥将后宫没有生儿子的嫔妃全部殉葬。为防止工匠泄密，又把工匠全部封闭在中门和外门之间，活埋在里面。秦始皇下葬后，项羽入关，曾火烧陵园。迄今为止，始

根据史书记载描绘的秦始皇陵内部

皇陵尚未挖掘，不知地下建筑究竟如何。现在陵园中心地面上还保存着一个高76米，底为485×515米的夯土陵丘，墓封土堆高40米，3千米以外都看得见。

近年来从始皇陵周围出土了大量文物，如青铜门楣、石雕的室内排水装置、直径达半米的巨型瓦当、铜车马等，尤其是兵马俑陪葬坑的发掘，更可见出陵墓的豪华及规模的宏伟。

☆秦始皇陵兵马俑

1974年春，在陕西临潼县城东7.5千米秦陵附近的西杨村，几位农民在打井时，挖出了几个比现代一般人还要高大的陶俑。考古工作队经过发掘，大出所料地发现了三个秦俑坑，总面积为2万多平方米。这7000多件陶俑、100余乘战车、400多

秦始皇陵外景

兵马俑三号坑

向东,每纵队中部有驷马战车,车后有3名身穿铠甲的武士俑,或持弓或持矛或为御。这种阵容,既可保证主力部队向前攻击,又能预防敌人从两侧及后面突然袭击。二号坑外形像一把曲尺,由89乘战车、200多个骑兵俑和600多个步卒俑组成混合编制的曲阵形。三号坑形似凹字,由68个卫士

匹挽马及数十万件兵器的出世,立刻震惊了世界,并被誉为世界第八奇迹。

气势磅礴的秦俑坑,是秦始皇陵的一部分。这种以军队屯聚的形式从葬,是秦始皇生前为炫耀自己统一六国的赫赫战功和强盛的军威而精心安排的。一号坑东西长230米,南北宽62米。坑内最东端是三列面向东的战袍武士俑,每列68个,组成坑内军容的前锋。而南、北、西三端,各有一列分别面朝三个方向的横队,组成侧翼和后卫。坑的中间是38列纵队,全部面

兵马俑二号坑出土的跪射俑

俑和1乘驷马战车组成了军帅指挥部。三个兵马俑坑,以屯聚的形式,形成了一个"不动如山"的严整场面。

秦兵马俑坑,是建国以来最重要的考古发现,是世界的奇迹、民族的骄傲。它对研究古代的政治、军事和文化艺术有极其重大的意义。

兵马俑二号坑内景

☆ 西安碑林

中国不少地方都有碑林,西安碑林、孔庙碑林、桂海碑林等都是规模较大的,其中西安碑林收藏数量居全国之首。

西安碑林在西安市原文庙所在地——大成殿后,现为陕西省博物馆。1090年,北宋为保存唐《开成石经》而设,以后陆续增加,经金元明历代收集,规模逐渐扩大,清初始称"碑林"。解放以后历年收集增建,收藏自汉至清历代碑碣共2300余件,有7座大型陈列室,7座游廊和1个碑亭。展出碑石1000多件。

碑林内所藏重要碑刻主要有:

开成石经:清代又加刻《孟子》,用十六块石,共成十二经。经文标题用隶书,正文用楷书,是一座大型石质书库。

大秦景教流行中国碑:唐德宗建中二年(781年)立此碑,碑侧刻有叙利亚文题名。碑文记载着该教教旨、仪式、当时在中国流行和僧徒活动的情况,是研究中亚

碑林外景

文化交流和宗教历史的宝贵资料。

石台孝经:建造于唐玄宗天宝四年(745年)九月,是由四块高为5米、宽为1.6米的厚石板结合而成的一块方碑,放在三级石台上,四周刻有李隆基亲手写的孝经文和他所作的孝经序及孝经注,字体是隶书。

其他各种书体的名碑有:

篆书有秦李斯的《峄山碑》,传为李斯所书小篆。

隶书有东汉蔡邕的《熹平石经周易残石》。

草书有智永、怀素、张旭的《千字文》,最为著名。此外还有张旭的《肚痛帖》。

楷书有唐欧阳询的《皇甫诞碑》、欧阳通的《道因法师碑》、虞世南的《夫子庙堂碑》。另有颜真卿的《多宝塔碑》,天宝十一年(752年)立,记述建造多宝塔的经过,书法雄伟沉厚,是颜氏书法代表作,

西安碑林

现西安碑林所存的是原刻。此外，柳公权所书《玄秘塔碑》也是西安碑林所藏著名唐碑，全称为《大达法师玄秘塔铭》，会昌元年（841年）立，风格遒劲，骨力健硬，是柳书的代表作。

除书法名碑外，碑林还珍藏着一批珍贵的石雕和石刻画，昭陵六骏即陈列在这里（仅四骏，另外二骏在美国费城大学博物馆）。

了最大支持，太宗父子特命在慈恩寺东院别造译经院。唐僧在慈恩寺除了翻译经卷，还在此写了著名的《大唐西域记》。永徽三年（652年），他为了贮藏经卷，依照印度建筑形制建造了大雁塔。据说印度古代达亲国有迦南佛殿，"穿山石作塔五层，最下一层作雁形，谓之雁塔"。雁形是指塔基呈横矩形，通体而观，塔身如雁颈向上伸，塔基如两翼舒展。历来关于雁塔的命名说

☆ 西安大雁塔

大雁塔在西安市东南的慈恩寺里，塔高七层64米。大雁塔之所以有名，是因为唐僧从西域取经回来后，曾在此翻译经卷，兼任主持。

唐僧，法名玄奘，俗姓陈，河南偃师人，13岁在洛阳出家为僧。年轻时来到长安，后云游四方，深感佛学上"圣典隐晦，宗师异说"，为了探本求源，便决定到印度去求"真文"。经过长达17年的千辛万苦，他终于带着657卷梵文经典在唐贞观十九年（645年）返回长安。归来时，朝廷派官员众僧出城迎接，唐太宗亲自召见，还赋予他纲纪天下僧徒的权力。但是，玄奘不为尊荣所动，只求到嵩山少林寺去专心译经。太宗执意不肯，就把为穆太后修建的弘福寺拨给他作译场。三年后，太子李治为追荐亡母文德皇后，建立了慈恩寺，并亲迎玄奘来此住持。皇室对玄奘的译经工作给予

慈恩寺与大雁塔

大雁塔是佛教建筑艺术的杰作，是我国古代楼阁式砖塔的代表。塔高64米，底边各长25米，塔身磨砖对缝，通体呈方形角锥状。塔身中砌突出的塔柱，形似开间。有扶梯盘旋而上，可凭栏远眺。造型简洁流畅，气势雄伟壮观。唐人一般称此塔为"慈恩寺浮图"，或称"慈恩寺塔"。据说寺塔落成后，祥云绕空，大雁登临，故得"大雁塔"名，并沿用至今。

法不一,还有认为起源于佛教故事的。

玄奘在大雁塔下住了十几年。一生译经共 75 部,近 1300 万字,为我国译经之冠。

☆古城西安

坐落在八百里秦川中央的西安城,从公元前 11 世纪到公元 10 世纪,先后有十个朝代在此建都。历史上有名的周幽王、秦始皇、汉高祖、汉武帝、隋炀帝、唐太宗、武则天、唐玄宗等近百位帝王在这里主持过朝政。

西安是我国六大古都之一。西安古城附近一片平畴沃野,但从周围自然环境来说,却具有山环水抱、平原开阔的特点,是八百里秦川自然条件的精华所在。地理上的优越,使我们的祖先很早以前就在这里繁衍生息。公元前 11 世纪,从陕西岐山

西安鼓楼和钟楼

鼓楼,在西安市大街北,东与钟楼对峙。建于明洪武十三年(1380年),清康熙三十八年(1699年)及乾隆五年(1740年)先后重修,但楼体仍保持原建筑特点。楼南檐下原悬挂"文武盛地"蓝底金字木匾,楼北檐下悬挂"声闻于天"蓝底金字木匾,均毁于"文化大革命"期间。为全国重点文物保护单位。

钟楼,在西安市内东、西、南、北四条大街的交汇处,初建于明洪武十七年(1384年)。原址在今西大街广济街口,明万历十年(1582年)重修。楼的整体为重檐覆屋四角攒尖顶的木质结构。每层均施斗拱装饰,内有楼梯可盘旋而上。新建巨钟一口。为全国重点文物保护单位。

西安南门与箭楼

周原强盛起来的周族，迁到西安西南的丰河畔。周人以在周原时的宫城名字"京"和丰河的"丰"合起来，命名了首都为"丰京"。从此，开始了我国将首都称作京的历史。后来，周人在丰河东岸扩建京都，称作"丰镐"。公元前4世纪，秦国迁到西安西北的"山之阳水之阴"的渭河畔，建都咸阳。刘

骊山华清宫

邦建立汉王朝后，寄寓自己"欲其子孙长安于此"的愿望，取"长安"为国都名。581年，杨坚建立隋王朝后，在汉长安城东南建新都，名为大兴城。618年，李渊父子建立唐王朝，仍以大兴城为都，但恢复了长安的旧称，成为名扬世界的京城。唐亡后，此地成为历代的西北重镇。1369年，明王朝收复关中，将元朝奉元路改为西安府，是希望大明江山西部边陲平安的意思。从此，西安的名称沿用至今。

西安历史之久、建朝之多、胜迹之丰，在世界名城中也是罕见的。

☆ 骊山风景

陕西临潼县境内的骊山，风景优美，名胜古迹众多，素有"绣岭"之称。最高峰海拔1256米。周、秦、汉、隋、唐等王朝都在骊山建有离宫。据说上古时西北方的少数民族骊戎曾长期在此居住，所以叫"骊山"。公元前8世纪周幽王建骊山宫，与宠妃褒姒住在这里，周围筑有烽火台。著名的"烽火戏诸侯"的故事就是在骊山发生的。当时西周常与西北少数民族戎狄交战（商周称其为"犬戎"），为防止戎狄入侵，周在骊山的最高峰设烽火台，如有敌情，骊山烽火一举，四方诸侯就要奔来救援。褒姒受幽王宠爱，但不爱笑。幽王为了引她发笑，就在骊山举起烽火，各路诸侯以为有敌情，急急忙忙赶来，一看平安无事，又匆匆退走，褒姒见诸侯受此戏弄，开怀大笑。后来幽王想杀太子宜臼，立褒姒的儿子伯服为太子。宜臼的母亲是申侯的女儿。申侯勾结戎狄来攻周，骊山烽火再举，诸侯怕上当，都不来了。戎狄将幽王杀死在骊山下，西周因此灭亡。

☆ 骊山华清池

华清池位于骊山北麓。从西周开始，各代都对这里的温泉进行了开发和利用，唐朝时是华清池的鼎盛时期，唐太宗在此建汤泉宫，后改为温泉宫。天宝六年（747年）唐玄宗根据北周王褒《温汤铭》中"华清驻老，飞流莹心"之意，将温泉宫改名华清宫。

在华清池大大小小的温泉池中，最著

贵妃池遗址

华清池外景

华清池

位于骊山西北麓。华清池水温为43℃，水中含有多种化学成分，适宜沐浴疗养。1956年按原唐华清宫的名称进行扩建，有莲花汤、海棠汤、龙吟榭、日华门、月华门、九龙汤、石舫、飞霞阁、杨妃池、飞虹桥、棋亭、望河亭等。园林景色，极为幽美。1982年3月，在温泉水源以北，经考古发掘，先后清理出唐代御汤、太子汤、海棠汤（即贵妃池）、莲花汤等宫廷汤遗址。1990年9月，在唐代宫廷汤池遗址上，建成一座仿唐建筑博物馆对外开放，供游人参观。

名的就是贵妃池，相传是唐明皇李隆基的宠妃杨玉环洗浴的地方。白居易在《长恨歌》中写道："春寒赐浴华清池，温泉水滑洗凝脂。侍儿扶起娇无力，始是新承恩泽时。"说的就是唐玄宗赏赐杨贵妃在此洗浴的故事。唐玄宗年轻时也曾有过一番作为，到了老年却逐渐疏理朝务，沉湎于声色犬马中。他下密诏给太监高力士，为他物色美人。于是，找到了倾国倾城的杨玉环。因玉环本是玄宗之子李瑁的妃子，不好直接召入宫中，就先让杨玉环做女道士，道号太真。六年后，玄宗册封杨玉环为贵妃。从此，每年十月，唐玄宗就带着杨贵妃到华清池游乐，年终才返长安，这里实际上已成为他的皇宫。唐玄宗先后在40多年里来华清池36次，杨贵妃在这里居住也长达11年之久。所以，唐代诗人有这样的描写："七月一日天子来，青绳御路无尘埃""千官扈从骊山北，万国来朝渭水东"。

☆ 华阴华山

五岳之一的西岳华山,是秦岭山脉的北支,位于陕西省华阴县境内。在我国五岳之中,华山以险著称,有"奇拔峻秀冠天下"的美誉。

华山山势陡峭,奇峰突兀,海拔2100米。《山海经》说,华山"山高五千仞,削成四方,远而望之,又若华状",古字"华"与"花"相通,意思是华山望去像一朵花,

华山莲花峰

华山西峰。海拔2082.6米,是华山奇峰之一。笔立千仞,悬绝异常。登其巅俯瞰,秦川茫茫,渭、洛二水若银带盘曲其间。峰前有一巨石,形如苍龙,名曰屈岭,西面为绝壁,东面为陡峭石坡,附近林木丛郁,幽静无比。峰顶有翠云宫,前有大石,状如莲花,故称莲花峰。

华山苍龙岭

在华山腰。坡度极为陡峭,南北长达1500米,径宽仅1米,中间突起,两旁为深谷。遥望青松白云,令人心惊目眩,不敢俯视。攀登苍龙岭,尚须经擦耳崖,此崖路不盈尺,下视千仞,不辨水石,游人必须面壁挽索,贴身探足而进,及至尽处,更须转身就崖,攀铁链而上,凡三十级,名上天梯。登至其巅,才开始进入攀登苍龙岭的道口。

故名华山。大诗人李白曾有"石作莲花云作台"的形容。华山又称太阴山、太华山、华阴山。华山是由花岗岩体构成的断块山,在很久以前,由于秦岭北坡产生大断层,渭河谷地下降,华山秦岭上升,巍巍峨峨,势如屏壁。"自古华山一条路"的说法,概括了华山的险峻形势。华山的山路不长,但惊险非凡。如千尺幢、百尺峡、老

君犁沟、擦耳崖、上天梯、苍龙岭等，都是在悬崖峭壁上开凿的凌空险道。传说唐代大文学家韩愈曾奋力壮胆登上华山绝顶，但当他下山经过三面悬绝的北峰苍龙岭时，面对2尺多宽、坡陡达45°的悬崖险道，再也挪不动脚步，竟然放声恸哭起来，于是写了遗书一封，投到岩下。后来，还是华阴县的县令设法把他救下山来。现在苍龙岭的尽头还有"韩退之投书处"的石刻。华山的奇险，经历过的人才有体会。

历史上华山是我国道教名山之一。著名的古建筑有玉泉院、仙姑观和西岳庙。西岳庙是历代帝王来陕驻跸的地方，建筑规模十分宏伟，并有一些重要历史和艺术价值的碑刻。

☆乾县乾陵

乾陵是唐高宗和武则天的合葬陵，位于陕西省乾县城北的梁山上。因为陵地在当时京都长安的西北方向，按八卦的说法，

乾陵全景

西北方向即是"乾"位，而八卦又有"乾为天，坤为地"之说，皇帝有"天子之贵"，故而有乾陵之称。

乾陵的特点是突破了古代帝王陵前不树碑的惯例。封建时代认为，皇帝的功德太大，无法用文字表达，所以陵前和墓内一般不设置碑铭。乾陵前却恰恰树了两通高大的石碑。西边的叫做《述圣记碑》，碑文洋洋洒洒8000多字，由武则天亲自撰写，歌颂了唐高宗的文治武功。而东面的《无字碑》更引人注目，这块又称没字碑的巨大碑石，体积和西边的碑一样，上端有八条螭龙盘错相交，碑的两侧是线雕大龙云

章怀太子墓壁画《礼宾图》

章怀太子墓

章怀太子是高宗李治和武则天的次子，上元二年（675年）立为太子，名李贤，武后宠信术士明崇俨"为盗所杀"，武则天怀疑是李贤所为，于是废李贤为庶人。后武则天临朝时为防李贤谋反，逼令自尽。中宗继位后，迁葬乾陵，追封李贤为太子。

纹。无字碑本无一字的原因，各说不一。有人说是武则天临终遗嘱，功过要由后人来评；有人说武则天自以为功高莫名，无须写字；还有人认为唐中宗李显难定武则天称谓，不知是称皇帝，还是称母后，等等。武则天原为唐太宗的才人。654年，唐高宗召她入宫，倍加宠爱，次年便立为皇后。同年，她参政，黜逐老臣褚遂良，随后逼迫老臣长孙无忌自杀。从此，高宗委托她全面执政。高宗死后，她先后废掉中宗、睿宗，于684年登上皇帝宝座，改国号为周，成为中国历史上第一位女皇帝。她理朝45年，内政、外交、军事都有斐然政绩。705年，病逝。如何评价武则天，历朝颇有争议。

☆扶风法门寺

陕西省扶风县法门寺，素有关中塔庙始祖之称。此庙古称阿育王寺，相传创建于东汉时期，距今已有1700多年的历史。因寺内有释迦如来真身宝塔，塔下地宫珍藏佛指舍利，而在近年来蜚声中外。

法门寺全景

法门寺出土的银棺材

所谓舍利，是梵文的音译，意思是"身骨""遗骨"，通常指释迦牟尼的遗骨。传说古代印度摩揭陀国孔雀王朝的第三代国王阿育王，曾用武力统一了印度半岛，在战争中杀了10万人。战后，阿育王听信僧人的劝告，放下屠刀，立地成佛，便广造佛舍利塔，供养佛祖。扶风法门寺塔，传说是阿育王建的84000座宝塔之一。而法门寺所藏的释迦牟尼佛的指骨，是世界上仅存的一件指骨舍利。因为当年建寺以后，把佛指视为尊贵的佛教圣物，法门寺塔也被尊为"大圣真身宝塔"，受到历代的崇拜。仅唐朝时就有7位皇帝举行7次规模盛大的迎奉佛骨活动。据说法门寺塔佛指骨30年一开，开则岁丰人安。皇上便派人迎佛骨到长安宫中，供奉三日。佛骨到京城时，有禁卫军仪仗和鼓乐相伴，颂佛之声不绝于耳，成千上万人顶礼膜拜。但唐武宗时，极力打击佛教,曾下令毁掉佛指舍利,但被寺僧用仿制品蒙混过去,真身指骨被秘藏起来。1987年发掘真身宝塔地宫时,发现了四枚佛指骨舍利,其中一真三假,假骨被称作影骨。同时还在地宫中发现了金银器、秘色瓶、琉璃器等大量唐代皇室的供奉品。

☆黄帝陵

黄帝陵在陕西黄陵县。每逢清明时节,都有成千上万的炎黄子孙到这里凭吊和祭奠中华民族的始祖,这习俗已经延续了千百年。

黄帝并不姓黄,而姓公孙。自幼生长在黄河流域的黄帝,传说是以雷神崛起而为五大天帝之一,称作中央天帝。中央属土,土主黄色,因此以黄帝之名永垂于世。因他曾经迁居到一个以制作车辆为主的部族聚集地——轩辕之丘,又改姓过轩辕。黄帝,古时也叫皇帝,是皇天上帝的意思,后来为了与秦始皇区别开,才专称黄帝。据说黄帝曾经与平分天下的同母异父兄弟炎帝有过争斗,但因炎帝后裔蚩尤崛起,凶横残暴,炎帝请求黄帝帮助才打败了蚩尤,炎帝的部落也归顺了黄帝。这样,中原地区的部族有了共主。后人认为是黄帝繁衍生息了神州大地上的人们,尊他为中华民族的共同祖先,称他为人文初祖。黄帝族和炎帝族的联合成为中国原始国家的基础,因此中华民族自称为"炎黄子孙"。

传说黄帝教会人们筑宫室以避风雨,鼓励妻子嫘祖栽桑养蚕抽丝织布,命他的史官仓颉造字,与王亥写出了最早的医书《本草》和《医案》,黄帝还发明了指南车和弓箭等,所以又称黄帝为文明之祖。

黄帝陵最著名的景观要数古柏林了,陵内古柏森森,现已有8万多株。其中树龄在千年以上的有3000株。著名的黄帝手植柏,至少有4000岁,号称"世界柏树之父"。汉武帝祭祀黄帝陵时的挂甲柏也至今犹存。

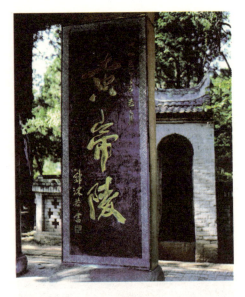

黄帝陵

☆ 嘉峪关

万里长城的终点嘉峪关,位于河西咽喉之地嘉峪山麓。南面是终年积雪的祁连山,北面是连绵起伏的马鬃山,两山之间有一条长15千米的峡谷地带,地势险要,故称天下雄关。嘉峪关是座城楼高耸、飞檐凌空、布局严谨、雄伟壮观的明代关楼,至今已有600多年的历史,是明长城关隘中保存最完整的一座,也是我国古代著名建筑之一。关城呈正方形,高11.7米,周长730多米,面积33500平方米。关城开东、西二门,由内城、瓮城、罗城、外城、城壕等组成。嘉峪关建筑之坚固,设计之

拉卜楞寺

位于甘肃省南部临夏回族自治州夏河县城西,始建于1709年,占地80余公顷,是西藏佛教格鲁派(黄教)六大寺之一。原有六大扎仓(学院)、十八囊欠(活佛公署)、十八拉康(佛寺)以及金塔、辩经坛、藏经楼、印经院、经轮房(嘛呢房)等,寺西有嘉木样别墅和花园。山腰以上,崇楼广宇,金瓦朱甍,墙垣均为红、黄色,寺顶四隅立铜质鎏金宝瓶,飞檐描金错彩。拉卜楞寺不仅是一个宗教中心,也是一所高等学府和古籍博物院,珍藏文物数万件、藏文经典6万余册,木刻经板7万多块。拉卜楞寺内有铜佛像2.9万多尊,其中寿安寺的佛像高达12米左右,红宫里的鎏金铜佛像有262尊。

嘉峪关

嘉峪关从内部结构到外部造型,都突出了中原文化的特点。它是内地与西域、中原与大漠之间纷争与融合的历史见证。

精确，为世界公认。据说当初100名工匠修建关城时，工匠们不但提出了布局精巧、结构坚固的设计方案，而且还精确地计算出工程的用料数量，关城建成后仅仅剩下一块砖。为了记取他们这样精心施工的精神，后人把剩下的那块砖放置在西瓮城门楼后檐台上，可望而不可及。这里还有击石燕鸣的传说：很久以前，有两只燕子巢居在嘉峪关内。一天日暮时分，一只燕子飞进关内，另一只却因关门已闭，不得入内，遂悲鸣触城而死。其精灵不灭，永作燕鸣之声。今天用石块击关城的墙角，犹可听到啾啾声。其实这种效果是工匠们在建筑关城时，应用力学和声学原理而砌成的特殊效果。民族英雄林则徐谪贬新疆路过此关时，曾写下了"严关百尺界天西，万里征人驻马蹄"的诗句，盛赞了嘉峪关的雄壮。

☆敦煌月牙泉

月牙泉位于敦煌鸣沙山怀抱之中。千百年来，"沙岭晴鸣"和"月牙晓澈"两处名胜相映成趣，饮誉海内外。

鸣沙山古时又名神沙山、沙角山，在敦煌县城南5千米。金山积沙而成，东西长达40多千米，南北宽20千米。前山主峰海拔1240米，后山西南峰海拔1700多米。沙有红黄绿白黑五色，沙峰起伏，沙脊如刀。当人们从山顶往下滑，沙砾随着人体倾泻，一种如同音乐的声音就从沙底发出

月牙泉

来，以至发出惊天动地的轰鸣，鸣声不绝于耳，兴味盎然。据史书载，天气晴朗时，它会发出丝竹管弦之音，"冬夏殷殷有声如雷""沙鸣闻于城内"，故"沙岭晴鸣"为著名的敦煌八景之一。传说古代有位将军率兵出征，在这里安营歇宿，一夜狂风，黄沙铺天盖地扑来，把数万将士尽埋沙底。后来的沙鸣就是两军征战杀伐之声。其实这是一种自然现象，因沙粒大而硬，多石英和云母变质岩，一受摩擦，发出的声音如雷鸣。

奇妙的是，在鸣沙山环抱之中有一弯翡翠般的清泉，形如半月，故名月牙泉。泉水平均深5米左右，东西长218米，南北宽54米。泉四周虽流沙拥积，却从未干涸。由此还编出了种种传说。实际是这里地下水

补给丰富,水处于循环交替状态,故而不腐;又因这里特殊的地形构造,使吹进这里的风沙会向上旋,落到山脊上,故不能被掩埋。此泉又名沙井。

☆ 麦积山石窟

　　麦积山石窟在甘肃天水县东南的秦岭山脉西部。因悬崖峭壁的形状犹如农村的麦堆,所以名麦积山。据记载,后秦时已在这里开窟造像。而现存的最早题记则是北魏景明三年(502年)所刻。此后隋唐五代宋元明清历朝都有增建,现有窟龛和摩崖雕刻194处,大小佛像7000多尊,壁画1300多平方米。因石质不佳不宜雕刻,造像多为泥塑。

　　麦积山原是一座完整的山体,后因地震,分裂为东西两处,现有栈道相通。东崖

麦积山

　　景区位于天水市境内,以麦积山石窟为中心,分为麦积山、石门山、仙人崖三个景区。

　　麦积山石窟为我国四大石窟之一,始凿于十六国时期的后秦,后又经过历代开凿修建,共有洞窟194个,现存历代泥塑、石雕像7200余件,壁画1300余平方米,主要集中在距山20~80米高度的崖壁上,其中最有价值的洞窟是牛儿堂、万佛堂、天堂洞、123窟、84窟等。麦积山还有"麦积烟云"等景观。

麦积山第44窟佛坐像

最高洞窟叫做牛儿堂,距地面60多米。西崖最高洞窟为天堂洞,距地面七八十米。最大的洞窟叫散花楼,又名七佛阁,宽31米,深11米,高16米。洞窟前廊仿宫殿式样,洞内七窟雕成帐幔状,居高临下,扬手撒花,花会随着气流的上旋越飘越高。各洞龛之间有凌空栈道相连。

　　洞内泥塑有高浮雕、圆塑、粘贴塑、壁塑四种。圆塑大小与真人相仿佛,数以千计,极富生活情趣。佛两边的菩萨弟子,

麦积山壁画

有的低眉含笑,交头接耳;有的窃窃私语,眉开眼笑;有的俊俏活泼,向人们招手致意;还有聪慧虔诚的少年和天真的儿童形象。最高的阿弥陀佛达16米,最小的影塑仅十几厘米。牛儿堂龛外还塑有一个天王,脚下踩着一只金角银蹄的牛犊儿。这些雕塑无不精巧细腻,栩栩如生,接近现实生活中有血有肉的真人,令人感到亲切而不神秘。泥塑上彩,但色泽不浓。工艺之精湛,堪称我国古代大型雕塑艺术之宝库。

☆兰州白塔山

兰州古称金城,旧说因筑城得金而名。隋开皇元年(581年)设置兰州总管府,因其地有皋兰山而称兰州。兰州依山作障,控河为险,自古就是我国西北重镇。

白塔山位于兰州市黄河北岸,海拔1700多米,山势起伏,有"拱抱金城"之雄姿。古时此地为军事要冲,山下有气势雄伟的金城关、玉迭关、王保城,山上峰峦迭翠,"白塔层峦"更是兰州八景之一。穿过黄河铁桥,白塔山三层别具一格的古建筑群即迎面耸立。第一台建筑群有壁柱雕刻精美的大厅、飞檐斗拱交错相迭的重檐四角亭、檐角高翘如翼的八角亭。二台广场的南侧,有高大雄伟的牌厦,建筑辉煌,气魄宏伟。三台大厅巍峨壮观,门窗沿角有雕刻精美的砖雕。三台建筑总面积8000平方米左右,殿宇石阶对称整齐,亭台回廊

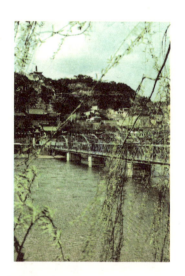

兰州黄河铁桥

在兰州市白塔山下。自古这里就是内地与西北交通咽喉,为"丝绸之路"重要渡口。原为浮桥,清光绪三十三年(1907年),清政府以国库银把浮桥改建为铁桥,工程由德商泰来洋行承建,但物资运输和施工全为我国承担,次年竣工,它被称为"黄河第一桥"。1954年进行加固,上架弧形钢架拱梁,结构美观,气势更见雄伟。

排列有序。一路往上还可看到罗汉殿、三星殿等庙宇。

山顶的白塔寺是山上最早的建筑，始建于元代。白塔山即以寺内白塔而得名。据记载，元太祖成吉思汗在统一大元帝国疆域时，曾经致书西藏喇嘛教萨迦派法王。法王派了一位著名的喇嘛去蒙古谒见成吉思汗，但他不幸在兰州病逝。元朝遂下令修塔，以示纪念。后来，白塔塌毁。现存的白塔系明景泰年间（1450～1456年）镇守甘肃的官员重建，清康熙年间又有扩建，起名慈恩寺。白塔七级八面，塔外层通涂白浆，如白玉砌成。塔下筑圆基，上着绿顶。

兰州白塔山

☆炳灵寺石窟

藏语"炳灵"即"千佛"或"十万佛"的意思。石窟在甘肃永靖县西约50千米，黄河北岸积石山中。窟龛造像凿在南北峭壁上，峭壁脚下就是黄河。石窟开凿于西秦建弘元年（420年），隋唐宋元各代均有营造。现存窟龛183个，内有大小石雕像679尊，泥塑82尊，壁画900多平方米。塑像最高的27米，小的仅20多厘米。唐代作品占2/3，艺术成就也最高。河峡崖旁的第169窟古称唐述窟，高15米，深8米，宽

炳灵寺摩崖大佛

67

炳灵寺石窟壁画

20米,内有精美的西秦造像,造型刚健挺拔、栩栩如生。窟下有唐代雕塑的释迦牟尼坐像,高27米,丰满魁梧,形神俱佳。壁画中神人衣袂飘逸,色泽绚丽,构图古雅,显示出神奇美丽的天国风光,画上有西秦建弘元年的造像题记。这是目前全国石窟中年代最早的题记。炳灵寺石窟的洞窟形式与云冈、龙门近似,但佛龛多作覆钵式的塔形,在别处很少见。造像多为石雕、石胎泥塑和泥塑,造型精湛,丰满潇洒,富有朝气和生命力。1967年兴建刘家峡水库时,在窟前修筑防水大坝,寺与水库相连,风光更是优美。

☆ 张掖大佛寺

张掖古称甘州,位于河西走廊中段,是丝绸之路上的重镇之一。汉武帝元鼎六年(公元前111年),取"张中国之臂掖,以通西域,断绝匈奴右臂"之意,在此设张

掖郡,张掖之名遂沿称至今。

张掖大佛寺以拥有全国最大的卧佛而著称。大佛寺创建于西夏崇宗永安元年(1098年)。相传,有个名叫崔咩的和尚云游到此,有一天忽然隐隐地听到有丝竹之声飘然而来,循声而找,不见演奏的人,疑为"天乐"。于是,就在"天乐"升起的地方向下挖掘,得碧玉卧佛一尊,遂在此地修建了大佛寺。佛寺原名迦叶如来寺,又称宝觉寺、弘仁寺,俗称大佛寺或睡佛寺。寺内大卧佛身长34.5米,肩宽7.5米,脚长4米,仅一只耳朵就有2米多长,木胎泥塑,金装彩绘。造像姿态自然,线条柔和丰满,比例匀称适度。面目表情恬静、闲适,两眼半睁半闭,似睡非睡,似醒非醒,嘴唇边永远带着一丝笑意,给人以"视之若醒,呼之则寐"之感。这尊大卧佛接受过旅行家马可·波罗和沙哈鲁王使者的参拜,听到过西夏太后在此诵经念佛的声音,他为大元帝国的开国之君忽必烈在这里呱呱坠地而笑逐颜开,也为南宋亡国之君赵显在这里削发为僧而悲叹不已。后人传说,赵显

张掖大佛

在大佛寺为僧期间，曾娶一回族女子为妻，生一男孩，被元明宗收为儿子，后来继位成为元顺帝。这是1333年的事情。

☆ 固原六盘山

"天高云淡，望断南飞雁。不到长城非好汉，屈指行程二万。六盘山上高峰，红旗漫卷西风，今日长缨在手，何时缚住苍龙？"这首气势恢宏、豪迈的《清平乐·六盘山》一词，是毛泽东当年率领中国工农红军翻越长征中最后一座大山六盘山，即将完成两万五千里长征时，写下的激扬文字。而六盘山，作为中国革命一段光辉历程的见证，也因而名传天下。

六盘山位于宁夏固原县的西南。因山岭盘曲有致，要经过六重盘道才能到达顶端，因而得名。六盘山南北绵延数千里，山岭巍峨，主峰海拔达2900多米，自古以来就是险峻雄壮的兵家必争之地。古人有"峰高太华三千丈，险据秦关二百重"的诗句，形象地描绘了六盘山的重要战略地位。唐宋以来，这里留下了许多名将把守关口的历史故事。成吉思汗西征时曾在此筑宫避暑，后来客死在六盘山。明朝时，中山王徐达曾在这里大破元兵，完成了西北边地的平复。

六盘山因山路曲折，古时称作络盘道。当地民间还有这样一个传说：古时候有个老和尚住在山下的庙里，总因为找不

宁夏沙湖

位于平罗县西南，距银川市56千米。西为贺兰山坡地，南有绵亘的沙山，湖为贺兰山历年洪水自然淤积形成，面积数十万亩，是一个沙漠风光和江南秀色兼备的国家重点旅游区。湖呈月牙形，湖中芦苇丛丛，荡舟其中，仿佛进入遮天蔽日的森林之中。湖北岸半岛，可登高观万鸟飞翔，此外还有湖滨浴场、乘缆登高、空中观湖等游乐项目。江泽民书写的"沙湖"两字，矗立于沙湖门端。

到上山顶的路而发愁。有一天，老和尚遇见一只到溪边喝水的梅花鹿，直冲他点头。他便跟在鹿的后边往山上爬，居然顺利地爬到了顶峰。从此，"鹿攀山"之名便传开了。当地人却"鹿""六"不分，加上山岭逶迤，后来传成"六盘山"了。

☆塔尔寺

藏传佛教格鲁派有六大著名寺院，这就是青海的塔尔寺，西藏的色拉寺、哲蚌寺、扎什伦布寺、甘丹寺和甘肃的拉卜楞寺。

塔尔寺在青海湟中县鲁沙尔镇西南隅。始建于明嘉靖三十九年（1560年），得名于大金瓦寺内纪念宗喀巴的大银塔。这里是宗喀巴的诞生地。相传宗喀巴出生时，他的母亲将胞衣埋在现大金瓦寺正中的地方，后来这里长出一株菩提树，上有十万片叶子，每片叶子上现出狮子吼佛像一尊，其母心疑，便在此建一座小塔。后人在小塔基础上建起高11米的大银塔。塔建成后，才扩为寺院，命名为塔尔寺。

塔尔寺是一组由众多的殿堂、经堂、僧舍所组成的大建筑群。主殿大金瓦寺，面积近450平方米。是汉式宫殿建筑，正中有1米高的大银塔座。清康熙五十年，青海蒙古郡王额尔德尼布施了黄金1300两，白银1万两，将屋顶改为镏金铜瓦。塔尔寺内的大经堂，是寺内宗教组织的最高权力机构所在。讲堂为土木结构，藏式平顶建筑，面积1981平方米。几经扩建，现有168根大柱，其中60根在四壁墙内。108根柱子上部，都雕有美丽的图案，外裹彩色毛毯，并缀有各种刺绣飘带，以及各种绸缎剪堆和堆绣的佛像、佛教故事图和宗教生活图。

塔尔寺有三绝：酥油花、壁画和堆绣。酥油花的来历与文成公主有关。据说文成公主与松赞干布结婚时，当地人民为表示尊敬，在公主带来的佛像前供奉一束酥油花，后来在西藏成为习俗，并传到塔尔寺。每年春节前几个月，酥油花艺人便把纯净的白酥油揉进各种矿物质染料，塑造各种人物、佛像、花卉、树木、飞禽走兽、宗教及各种神话故事，工艺精巧，色泽鲜艳，经久不褪。每到农历正月十五灯节会上展出酥油花，一年一度，成为寺内盛会。藏族壁画吸收中原和印度、尼泊尔的艺术风格，在各地寺院中处处可见。它们大多采用大场面俯视全局和散点透视造型两种处理手法，色彩鲜丽，对比度好，线条均匀，富于图案和装饰风味，并大量运用描金、贴金、磨金手法，使壁画满壁生辉，光彩夺目。塔尔寺的壁画有的直接绘在墙上，有的绘在栋梁上，最多的则是绘在布幔上，悬

青海塔尔寺

挂或钉在墙壁上,多用矿物质颜料,历久不变色。每年六月观经会上,将十几丈长的大佛像在山坡上高高挂起,叫做晒佛,围观瞻仰的往往达几万人。堆绣是用各色绸缎剪成各种形状,塞入羊毛、棉花之类的东西充填,在布幔上绣成具有明显立体感的佛像、佛教生活故事、山水、花卉、鸟兽等,形象生动活泼。三绝之外,塔尔寺的雕塑也享有盛名。如九间殿的北三间中央为如来佛,造型敦厚谨严,神态肃穆庄重。其余如财源仙女,妙音仙女等也都形态优美,独具匠心。妙音仙女常被列为塔尔寺雕塑的代表作。

☆ 乐都瞿昙寺

瞿昙寺位于青海省乐都县城南20千米处。原先,它只是一座普通的喇嘛寺院。明太祖朱元璋御赐该寺为"瞿昙"名称后,这座寺院声誉日盛,规模也不断扩大起来。

明朝洪武年间,江山已定,但边陲时有骚乱。朱元璋派凉国公蓝玉前去追击西北地区的逃寇,但蓝玉追到茫茫戈壁滩时,却无法追捕四散逃遁的散兵游勇。当时,乐都这座寺院的主持三罗藏出面作书规劝他们尽快归顺明朝。因为三罗藏在这一带很有威信,他的话很有感召力,使这个地区的游窜各部不得不审时度势,归顺了明朝。这样,皇帝最头疼的西北边境安定的大事解决了。朱元璋自然不会亏待这位佛门功臣。明洪武二十六年(1393年),明太祖朱元璋下令封三罗藏为西宁僧纲司都纲,下管十三族,并御赐三罗藏主持的寺院为"瞿昙"的金匾。瞿昙即藏语"角康",意为乔达摩,乔达摩是释迦牟尼的姓氏和尊称。从此,这座庙宇便以瞿昙寺相称了。明永乐年间,朱棣授予三罗藏之侄班丹藏卜"灌顶净觉宏济大师"头衔,命他主持寺院,并赐与牧场、田地、园林、牲畜作为"香粮",还增修寺宇,布施佛器。其后,历任明朝皇帝都对该寺高看一眼,不断扩建寺庙,使之成为规模宏大的一座寺院。

这座由中原君主扶持起来的寺庙,基本上采用汉式庙宇形制,俨然一组由碑亭、钟鼓楼和宝殿构成的明代建筑群。

青海乐都瞿昙寺

71

☆吐鲁番火焰山

　　火焰山位于新疆吐鲁番盆地中北部，属博格达山以南的低丘。海拔约500米，主要为红砂岩所构成。以夏季气候干热，山体呈现红色而得名。

　　使火焰山名传天下的，是古典神话小说《西游记》。在《西游记》五十九回到六十一回里，吴承恩写了"唐三藏路阻火焰山，孙行者三调芭蕉扇"的故事。孙行者三调芭蕉扇是假，是作者浪漫主义的虚构；唐三藏路阻火焰山是真，历史上确有其事。唐玄奘在唐太宗贞观元年（627年）秋天，从长安西行去天竺取经，年底到达高昌，即今天的吐鲁番。高昌国王见他精通佛典，颇为敬慕，遂结拜金兰之好，约为兄

弟，留他小住两月。上路的日子将近，高昌王又请玄奘出任国师，想留他长住。玄奘不肯，以绝食表示决心。高昌王只好备办马匹、驼队及应用物品等，还给路上各国国王写了几十封书信。玄奘凭借高昌王的关照，一路上都受到了礼遇。

　　吐鲁番，维吾尔语就是"最低地"之意。由于这里地势低洼，很少雨雪，夏季奇热，风中流火。唐代著名边塞诗人岑参在《经火山》中写道："火山今始见，突兀蒲昌东。赤焰烧虏云，炎氛蒸塞空。不知阴阳炭，何独燃此中。"吐鲁番县城东北，是火焰山西侧的一个峡谷，两岸红岩似火，坡谷涌碧叠翠，人称葡萄沟。有葡萄田200多公顷，盛产无核白葡萄。

吐鲁番火焰山

☆天山天池

　　天池是一个天然的高山湖泊，坐落在北天山东段主峰博格达峰脚下的半山腰里。池水平均深40米，最深处可达100多米。池面呈半月形，面积近5平方千米，海拔1980米。群山环抱，密林掩映，绿茵铺地，野花芳菲，如天上仙境。

　　天池古称瑶池。《穆天子传》记载，相传3000多年以前周穆王西游，曾与西王母在此宴饮唱和。西王母致欢迎词对周穆王唱道："白云在天，山陵自出；道路悠远，山

天山天池

川间之。将子无死,尚能复来?"周穆王接受了这种美好的祝愿和友善的邀请,他答谢道:"予归东土,和治诸夏;万民平均,吾顾见汝。比及三年,将复而野。"正因为这样,人们都说瑶池乃西王母所居。后来,神话小说又把西王母演绎为王母娘娘,传说在瑶池大宴群仙,举办过一年一度的蟠桃盛会。还说小天池是王母娘娘洗脚的地方,大天池是她沐浴的场所。据有关专家考证,《穆天子传》和《山海经》等古籍中记载的周穆王巡游西域的地点,大多数都可以对出今天的地名。而西王母的形象,恰恰反映了当时的西域尚处于母系氏族社会妇女当政的历史时期。唐代诗人们借此题材的抒情之作,更使这一传说被认可,而瑶池也就更声名远扬了。

天池属于冰渍湖泊。在20万年以前,地球冰期来临,天池地区成为山谷冰川。

天山雪莲

雪莲花,又叫荷莲,生长在雪线(一般在海拔3000~4000米)以上的岩石中,它生命力极强,既能忍受变幻无常的天气,又能抵御山上强烈的太阳辐射。

雪莲花是菊科多年生草本植物。在雪地绽放的雪莲,有紫红色的花蕊和白中带黄的花瓣。用晒干的雪莲浸酒服用,既能健身提神,又可以治疗腰酸背痛、风湿和关节炎。

由于冰川的掘蚀作用和堰塞作用,形成天地湖盆,天气转暖后,冰川消退成湖,此为天池的成因。

天山托木尔峰

☆克孜尔石窟

新疆的石窟（又名千佛洞）计有12处之多，其中最著名的是克孜尔石窟。

新疆拜城县克孜尔镇东南，木札特河谷北岸悬崖上，有236个石窟，这是古龟兹国的一处石窟寺群，也是天山南麓规模最大的佛教石窟群，开凿于公元3世纪，唐代废弃。时间比敦煌石窟要早，因西域佛教的流传较中原为先。窟形体制主要是毗诃罗式（即僧房群式）和支提式（即中心塔柱式）。现只有75个洞窟窟形完整。彩塑大部分在伊斯兰教进入南疆取代佛教的岁月中遭破坏，后又被外国人盗窃，现已看不到完整的塑像。壁画尚保存下来1万平方米左右。题材繁多，情节离奇，主要是佛本生故事画，仅第17窟就有38种之多，被誉为故事画之冠。第38窟所画伎乐图，有20个乐师，各奏一件胡地乐器，如琵琶、箜篌、横笛、筚篥等。龟兹的舞蹈少女体态轻盈，姿态优美。第175窟还有耕地图、制陶图。石窟后壁有不少古龟兹文题记，对研究新疆的历史文化很有价值。克孜尔石窟壁画以西域的凹凸画法驰名中外，线条刚劲有力，严谨生动，又能与立体烘染的技巧相协调。衣纹有"薄衣贴体""衣服紧窄""衣纹稠叠""曹衣出水"等式样，头面手足等肌体部分，则着意渲染出凹凸分明的立体感。对人物的结构、动态与神情的把握都很娴熟。这些壁画还善于将写实手法与装饰手法相结合。窟顶上画满菱形斜方格，每格内都有人物和动物，衬以奇花异木，飞禽走兽，构成一幅幅完整的图案，艺术成就很高。

克孜尔石窟壁画

☆喀什疏勒古城

疏勒古城，在今天新疆的喀什市。古疏勒国居民从事农业，开采铜铁，精于工艺，有自己的城郭和文字。汉宣帝时，属西域都护府。唐时，与龟兹、于阗、碎叶同称安西四镇，为安西都护府及安西节度使统辖，是西域重镇。

东汉初期，有一位通西域的英雄，名

叫班超。班超字仲升，陕西咸阳市人，是《汉书》作者班固的兄弟。班超自幼刻苦耐劳，勤奋好学。青年时代常给官府抄写文件，也替私人抄写书籍，得点报酬，以养老母及补助家用。当时北方匈奴时常侵犯汉朝的边境，班超很是愤慨；同时，他又看到西域各国同汉朝的交往，已断绝了几十年，更是心怀忧虑。有一天，他一面抄写文件，一面觉得十分烦闷，忍不住站起身来，把笔猛地一扔，大声说道："大丈夫应当像傅介子、张骞那样，立功异域，以取封侯，怎能长时间消磨在笔砚之间！"永乐十六年（73年）班超毅然从军，随大将军窦固出击北匈奴，旋奉命以假司马率吏士36人赴西域。班超机智勇武，仗义行事，攻杀匈奴派驻鄯善官员，废除亲匈奴国王，降于阗，收疏勒，出任疏勒镇守使长达17年之久。继而联合诸国军事力量，陆续平定各处贵族叛乱，统一了西域。永元三年（91年），升任西域都护。不久，封定远侯。这就是"投笔从戎"典故的由来。

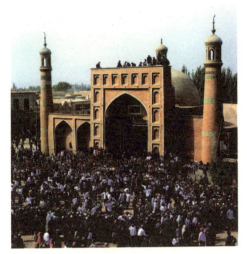

艾提尕清真寺

艾提尕清真寺

又称艾提卡尔清真寺。在喀什市解放路。艾提尕，为阿拉伯语与波斯语复合词，意为"节日礼拜场所"。大寺南北长140米，东西宽120米，面积16000多平方米，是新疆最大的礼拜寺。传称始建于回历846年（1426年），历经重建扩建。现存建筑奠基于18世纪中叶。大寺正门浅绿，满布精细刻花。砖红色门楼高12米，边廊环以穹形壁龛。门墙左右为圆柱形砖砌尖塔，高18米。全寺由礼拜殿、教经堂两部分组成，礼拜殿面积2600平方米，可供4000人同时礼拜。殿顶由158根凸花雕柱承重，柱头造型多变。天棚饰绘彩色花卉，形成有特点的藻井。清真寺既是宗教活动中心，又为古尔邦节、肉孜节群众游乐歌舞的主要场所。

☆喀纳斯湖

喀纳斯是蒙古语,意为"美丽富饶、神秘莫测"。喀纳斯湖位于布尔津县境北部,距县城180千米,湖面海拔1374米,面积44.78平方千米,是一个座落在阿尔泰深山密林中的高山湖泊,比著名的天山天池整整大10倍,湖水最深处达196米左右。湖面碧波万顷,群峰倒影,湖面还会随着季节和天气的变化而时时变换颜色,是有名的"变色湖"。

喀纳斯湖呈弯月形,湖东岸为弯月的内侧,沿岸有六道向湖心凸出的平台,使湖形成井然有序的六道湾。每一道湾都有一个神奇的传说。其中第一道湾的基岩平台有一个巨大的羊背石,恰似一只卧羊昂首观湖;三道湾的观湖台,是赏湖上落日的最

喀纳斯湖

佳地点;当旭日东升或夜幕降临时,乘船或站在第四道湾平台上探寻湖心秘密,运气好的话还可能看到时隐时现的神秘"湖怪"。北端的入湖三角洲地带,大片沼泽湿地与河湾小滩共存,地形平坦开阔,各种草类与林木共生,一派生机勃勃的景象。喀纳斯湖上端,有湖心岛浮于水面,四周皆森林茂密,湖水碧绿纯净。

环湖四周原始森林密布,阳坡被茂密的草丛覆盖,每至秋季层林尽染,景色如画。这里是我国唯一的南西伯利亚区系动植物分布区,生长有西伯利亚区系的落叶松、红松、云杉、冷杉等珍贵树种和众多的桦树林、已知有83科298属798种。有兽类39种,鸟类117种,两栖爬行类动物4种,昆虫类300多种。喀纳斯湖水中生长的有哲罗鲑、细鳞鲑、江鳕、阿尔泰鲟、西伯利亚斜鳊等珍稀鱼类。特别是哲罗鲑,体长可达2～3米,重达百十千克,因鱼体呈淡红色而被称为大红鱼。

春夏时节的喀纳斯湖

华东地区

HUA DONG DI QU

☆山东蓬莱阁

蓬莱阁位于山东蓬莱丹崖山峭壁上，素有人间仙境之称。史载，这里是我国能够看到海市蜃楼奇观的地方之一。

秦始皇是一个总想长生不老的人，当方士徐福起奏："海上有三神山，名曰蓬莱、方丈、瀛洲，仙人居之。"并说神山上有长生不老药之后，秦始皇立刻命令徐福去海上神山找长生之药。而海市蜃楼毕竟是虚幻的，徐福自然也就找不到神山，难以向秦始皇复命，便率人逃到了日本岛。这便是传说中日同文同种的由来。秦始皇自己也没闲着，他三次东巡，到芝罘岛上观看。盼不到长生药，秦始皇扫兴而归，死在半路上。到了汉武帝时期，又开始了海上寻仙的徒劳之举。找不到真蓬莱，就把这望海之地称作蓬莱，筑城为名。到宋朝时，郡守朱处约在丹崖山顶建了蓬莱阁，供人赏山望海。经历代扩建，形成了拥有殿阁宫寺的古建筑群。蓬莱阁下有

蓬莱水城

为我国现存古代海军基地之一，明洪武九年(1376年)，依山势构筑城墙，引沟水入内，操练水师。蓬莱水城周长约1.8千米，面积25平方米，整个城池只有南北两门，北门叫水门，门上建有栅闸，以控制船只出入，南门为振阳门，与陆地相连，为车马行人出入。北门设有两座炮台，分列东西，控制附近海面。水城进可攻，退可守，具有极高的历史文物价值。

一座造型奇特的桥，传说是道教中八仙过海的仙人桥。有一次，八仙聚在蓬莱阁饮酒，有人提议到海对面的岛上去，但不许乘船。于是，八仙各显其能：铁拐李骑葫芦；张果老骑毛驴；汉钟离坐芭蕉扇；蓝采和挎花篮；曹国舅执玉板；何仙姑拿粉莲；韩湘子吹玉笛；吕洞宾执拂尘、背宝剑；不一会都凌凌御风，到了对面。传说曲折地反映出人们要战胜大海的愿望。蓬莱阁不仅可以寻访古迹，欣赏历代题刻，碰巧也能赶上海市蜃楼出现的奇景。

蓬莱阁

☆ 济南千佛山

千佛山是泰山的余脉,古称历山,又名靡笄山。位于济南市南部,成为除大明湖、趵突泉外的济南第三大名胜。千佛山有隋朝开皇年间所刻佛像,随石作形,因而

千佛山一景

建寺名叫千佛寺,山名亦称千佛山了。

千佛寺内南崖上的千佛崖,镌刻着距今已有1400多年的佛像浮雕,与洛阳龙门石刻、敦煌壁画和杭州灵隐寺巨佛齐名。其中,以极乐洞中的观世音、阿弥陀佛、大势至三尊造像最为精湛。千佛山东面的文笔峰上有开元寺遗址,遗址南面有唐宋两代共造的大佛胸像,仅头部就高7米,宽4米。黄石崖上还有北魏时的石雕群像。北极洞东有黔娄洞,相传是春秋时期齐国的高士黔娄的隐居处。当年鲁国与齐国都来聘请,黔娄坚持不肯出山。后来,齐威王便常常下马脱靴,徒步进洞来请教,常使自己

的军队转败为胜。东晋诗人陶渊明有诗赞叹:"安贫守贱者,自古有黔娄。好爵吾不荣,弊服仍不周。"最后一句指的是黔娄死后家贫如洗,尸体上的被子盖头露脚,盖脚露头。有人建议把被子斜过来,可以全身都盖上。黔娄妻子却坚决不同意,说:"斜之有余,不如正之不足。先生生前不斜,死后斜者,不是先生之意。"在登千佛山的路上,还可以看见"齐烟九点"的牌坊,源出于唐代诗人李贺的《梦天》诗句:"遥望齐州九点烟,一泓海水杯中泻。"

济南趵突泉

济南号称泉城,古时候家家泉水、户户垂杨。史载,"齐多甘泉,甲于天下"。济南泉水多,流量大,在全国独一无二。趵突泉,原名槛泉,宋代济南太守曾巩干脆摹其泉声泉形,把泉名写作趵突。趵突泉如今的三股泉水虽然已经没有了郦道元所说的"水涌若轮"的盛况,但是"泉源上奋"之势却依旧存在。在趵突泉周围,有许多名泉和美丽的传说。有传说梁山泊好汉大刀关胜的战马刨出来的马跑泉,有东晋才女谢道韫咏絮而得名的柳絮泉,有宋代女词人李清照故居之侧的漱玉泉,还有被誉为济南四大名泉之一的金线泉,等等。

☆ 济南大明湖

济南大明湖早在 1500 年前就载入郦道元的《水经注》，是闻名古今的名胜。但古代的大明湖可不是今天的样子。现在的大明湖，隋唐以前叫历水浪。古大明湖从宋代开始已逐渐干涸。大明湖中多莲藕，明时又称"莲子湖"。

古代先民逐水而居，大明湖一带形成了济南最早的市井城区。史载湖水占府城约三分之一，"秋荷方盛，红绿和绣"，蔚为壮观。大明湖由于历年缺少疏导，积土淤塞，芦苇丛生，到清代时形成许多港湾。大明湖古迹轶闻颇多。始建于北魏年间的历下亭，原在五龙潭附近，唐代大诗人杜甫在此赴宴题诗："海石此亭古，济南名士多"。北宋后，历下亭移到大明湖南岸。清康熙时，重建历下亭。湖畔还有为纪念唐宋八大家之一曾巩而建的南丰祠。曾巩为江西南丰人，世称南丰先生，他在济南任太守执政期间，政绩卓然，受到百姓拥戴。甚至在他离位时，老百姓在桥口、城门挽留，曾巩只好夜间悄然而别。湖边还有纪念明代兵部尚书铁铉的铁公祠，邻近还有小沧浪园面湖而立。小沧浪园建于清乾隆年间，三面荷花，景色清幽。园门上有清人刘凤诰的对联："四面荷花三面柳，一城山色半城湖。"较好的描画了大明湖的风光特色。大明湖南岸有辛弃疾纪念祠，又名稼轩祠。辛弃疾是济南人，既是伟大的词人，又是南宋抗金英雄。其词风深沉雄浑，慷慨豪放。

济南大明湖

☆ 曲阜孔府

孔府位于孔庙东侧,是孔子嫡长孙居住的地方。公元前195年汉高祖首封孔子九代孙为奉祀君,宋仁宗改封四十六代孙为衍圣公,历代沿袭。孔府堪称世袭罔替的贵族府地。

孔府原属孔庙的一部分。明洪武十年(1377年)由孔庙分出创建而成,是三路布局,九进院落。中路为官衙,后为住宅;西路是学习、会客的处所;东路是家庙和作坊。孔府也叫衍圣公府,衍圣者繁衍圣道、圣裔也。孔府大门有清朝文人纪晓

曲阜孔府大门

曲阜孔庙

历代雕版珍本善本书籍以及玉雕、木雕、陶瓷、青铜器等。出孔府2千米,就是孔林。"蓊郁孔林残照里,至今犹属仲尼家"。孔林是孔子和他的后代们的墓地。林内古

岚撰写的对联:"与国咸休安富尊荣公府第,同天并老文章道德圣人家。"写出了孔府的显赫与气派。孔府官衙共有三堂六厅,三个堂是衍圣公办事的地方,六个厅是仿照封建王朝的六个部设立的府内办事机构。孔府收藏有大量文物,内中有赵孟頫、周之冕、郑板桥等著名画家的作品,还有宋元明等

曲阜孔庙大成殿

冢累累,石碑林立,石仪成群,占地面积3000亩,周长7千米,是世界上持续时间最长的家族墓地。史载,孔子死后葬在鲁城北泗上。他的坟墓坐落在孔林中间,墓园外有享殿和神道。墓东是他儿子孔鲤的墓,墓前是他孙子子思的墓。孔子祖孙三代的葬穴法,古人称为"携子抱孙",显示着中国人的家庭观。孔林东北有《桃花扇》作者孔尚任墓地。

泰山十八盘

☆ 泰安泰山

"会当凌绝顶,一览众山小。"这是唐代大诗人杜甫《望岳》中的名句。泰山气势磅礴,雄伟壮丽,向来被誉为"五岳之长""五岳独尊"。泰山古称岱山,又名岱宗。古人有"山至泰山,天下无山"的赞语。其实泰山玉皇顶仅高1545米,位于五岳第三,跟全国的高山巨峰比,也是微不足道的。泰山为什么有这么崇高的地位呢?

泰山摩崖碑刻

这与历代帝王在此封禅告祭,推泰山为与上天接通的圣地有关。封禅制为泰山涂上了神圣的色彩,也留下了大量的文物古迹。

在历史上,最先和泰山有密切关系的名人就是孔子,孟子有名言"孔子登泰山而小天下"。登山路的一天门北,立有"孔子登临处"石坊。越进山门户红门宫,经斗母室转小径向东北,便可见闻名海内的经石峪,又称晒经台,在一亩大小的石坪上,刻有隶书千字金刚经文,字大0.5米,系北齐人所书。书法遒劲刚柔,被誉为"大字鼻祖,榜书之宗"。爬上十八盘,进南天门,就到了岱顶最壮观的建筑碧霞祠。碧霞祠结构严谨,富丽堂皇,是宋真宗时为供奉泰山老母碧霞元君而创建的。碧霞祠东北为大观峰,峭壁上有著名的唐摩崖《纪泰山铭》,为唐玄宗李隆基封泰山时亲笔所撰。泰山最高峰为玉皇顶，又称天柱峰，因房顶有玉皇庙而得名。玉皇庙东有日观亭，西有望河亭，在这里可以尽赏泰山四大奇观。

泰山南天门

☆灵岩寺

灵岩寺在泰山之阴，方山之阳。相传，苻秦时朗公和尚来此说法，使猛兽归伏乱石点头。众人见山石摇晃，很是惊恐，朗公说"山灵也，无足怪"。方山因此得名灵岩。

北魏孝明帝正光元年（520年），法定和尚来此开山。传说他走进灵岩时，高山突然变成了四面壁立的连城，没有任何通路。法定和尚矢志不渝，面南而立达27天，终于感动了菩萨，便令太阳射穿岩石，使山腰出现一个透山圆孔，孔大如车轮，法定才得入灵岩。当时，红光照耀数里之外，法定循红光而行，来到山林茂密处见到一个樵夫。樵夫对法定和尚说："师傅虽然想在此建寺，难道你不怕此地没有水

吗？"于是手指向南方，说："在双鹤鸣啼处，可得到泉水。"说完，樵夫隐身而去。法定向樵夫指的方向去找，果然看到了两只鹤飞起，鹤飞处有二泉。法定大喜，用手中锡杖戳地，又水涌成泉，便命名为双鹤泉、白鹤泉、卓锡泉，这就是人们常说的五步三泉的故事。法定被尊为灵岩寺的开山之祖。灵岩寺的鼎盛时期在唐宋两朝。现在的灵岩寺，是唐贞观年间高僧惠崇所建，法定和尚创建的古灵岩寺在甘露泉附近。唐时，灵岩寺与南京的栖霞寺、天台的国清寺、湖北江陵的玉泉寺，并称为"域中四绝"，是当时的四大名寺之一。宋代在寺内的遗迹有辟支塔和千佛殿内的40尊彩塑罗汉，这些彩塑曾被近代学者梁启超誉为"海内第一名塑"。

灵岩寺辟支塔

灵岩寺

位于济南长清县，该寺兴于北魏，盛于唐宋，最盛时僧侣500多人，殿阁40余处，禅房500多间。寺周群山环抱，深奥幽邃。寺院布局恢宏，主要建筑有千佛殿、辟支塔、墓塔林、钟鼓楼、大雄宝殿等。"辟支"是"佛"的意思，辟支塔即佛塔，塔高约54米，塔身砖砌，八角九级。

☆南京中山陵

　　在南京紫金山中部的茅山南坡上，坐落着一组气势雄伟、庄严简朴的陵墓建筑群，这就是我国伟大的民主革命先行者孙中山先生的陵墓。整座陵墓蓝白相间、寓意深切，被誉为"中国近代建筑史上的第一陵"。

　　中山陵址是由孙中山先生生前亲自选定的。1912年，孙中山在南京就任临时大总统后，特意前去恭谒明孝陵。他对随行人员说："明祖以布衣起兵淮上，驱逐元鞑，恢复汉族，诚民族革命之先进。现在文奔走革命，垂几十年，目的是步明祖后尘，推翻满鞑，幸告成功。他年诸事摒挡清楚，即在明陵左近结一茅庐，以明祖为邻，以终

中山陵

天年。"直到1925年中山先生在北京弥留之际，仍以归葬钟山为嘱。1925年3月，中山先生逝世后，停灵北京碧云寺。以汪精卫等12人组成的葬事筹备会议决定登报悬奖，向海内外征集陵墓设计图案。在应征的40多种图案中，我国近代著名建筑设计师吕彦直的设计被采用。主体工程历时三年多才完成，1929年6月1日举行了奉安大典。中山陵的建筑结合钟山山峦形势，突出天然屏障，采用大片绿地，把孤立的尺度不大的牌坊、陵门、碑亭、祭堂和墓室建筑在一条中轴线上，用宽广的通天台阶，联成大尺度的整体，显得十分庄严雄伟，建筑风格中西合璧。主体建筑之外，还有一系列纪念性建筑，有音乐台、

孙中山塑像

行健亭、光华亭等,是各界人士和海外华人捐资建造的。

☆ 南京莫愁湖

莫愁湖是金陵第一名胜。莫愁湖成为著名园林只有500年左右的历史,只因为有一个美丽动人的故事发生在这里,莫愁湖才名传天下。

"河中之水向东流,洛阳女儿名莫愁。莫愁十三能织绮,十四采桑南阳头……"这首梁武帝写的《河中之水歌》,说的就是莫愁的故事。传说南齐年间,洛阳有个叫莫愁的姑娘,长得十分美丽,生长在一个贫苦之家。为了给父亲安葬,莫愁只得卖身。正好遇上从南京来的豪富卢员外,相中了她,就买她为儿媳。她到南京后,十分思念家乡和母亲,以及青梅竹马的意中人,常常忧伤烦闷。因为她经常用钱财周济乡邻,而受到卢员外无端的诬陷,最

玄武湖

在南京市东北玄武门外。总面积4.44平方千米。玄武湖中有五洲,象征世界五大洲,亦称五洲公园。靠近玄武门的是环洲,洲上有两块玲珑剔透的太湖石,形如观音,俗称观音石,或叫郭仙墩,为东晋郭璞衣冠冢。环洲北面是梁洲,亦名旧洲,是五洲中开辟最早、风景最佳的地方。洲上有湖神庙、铜钩井、赏荷亭、览胜楼、陶然亭诸胜景。玄武湖碧波荡漾,湖光山色,风景如画,是游览胜地。

后不堪凌辱投湖而死。为了怀念这个善良、正直和渴望婚姻自由的女子,人们把卢家花园和石城湖改称莫愁湖。园中的郁金堂,传说是她住过的地方。到了明代,莫愁湖成了开国元勋徐达的私人园林。当年,明太祖朱元璋与徐达常在此下棋。徐达棋艺虽高,但怕犯欺君之罪,每次都输给朱元璋。有一次,俩人杀得难解难分,朱元璋连吃徐达二子,以为稳操胜券。不料,徐达却说:"请皇上细看全局。"朱元璋仔细

南京莫愁湖

85

一看，才发现徐达用棋子摆成"万岁"二字。朱元璋大悦，知道徐达棋艺高强，就把这座胜棋楼与莫愁湖一并赐给徐达。从此，莫愁湖更是声名大震。

南京明孝陵

☆ 南京明孝陵

钟山南麓有朱元璋的陵墓，称为明孝陵。明代帝王只有朱元璋葬在南京。整个孝陵的建设，共用了30年。面积很大，周长达22.5千米，四周建围墙，内植松树10万株，养鹿千头。外面还专设孝陵卫，有5000到1万名军士守卫陵区。

孝陵是朱元璋和马皇后的合葬墓，下葬时曾用十多名宫人殉葬。现地面建筑尚存碑亭、石象翁仲路、享殿石台基、方城等。其中石象翁仲路长达1.5千米，即孝陵神道。排列石兽的神道为东西向，依次立有狮、橐驼、獬豸、象、麒麟、马等12对石兽，尽头是一对汉白玉华表，神道由此转为南北向。两侧排列八个翁仲，翁仲即石刻人像，刻成文武官员模样。石兽和翁仲都用整块石料雕成，线条粗放，轮廓简洁。方城前两侧的八字墙上有浮雕砖刻的各种图案，如石榴、万年青、缠枝花卉等，也极为精致。

☆ 南京栖霞山

清朝乾隆皇帝六次南巡，就有五次驻跸于南京栖霞山，称赞此山为"金陵第一明秀山"。栖霞寺是江南著名古刹之一。栖霞，原是南朝刘宋时期著名隐士明僧绍之号。由于他看透了官场的尔虞我诈和勾心斗角，决心割断俗事而洁身自好，便在此山中刊木结茅，隐居长达20多年。这期间先后有六位皇帝请他出仕为官，却都被他拒绝了。明僧绍这种自甘淡泊的隐士精神，深受当时人们的称颂，尊称他为"征君"。489年，明僧绍捐住宅为寺，寺称栖霞精

南京明孝陵石像翁仲路

栖霞寺舍利塔

☆ 南京灵谷寺

灵谷寺位于钟山南麓，中山陵以东的小茅山下。始建于明洪武十四年（1381年），现大部分是清同治年间重建。

史载，明洪武九年(1376年)朱元璋选中玩珠峰建孝陵，就把原在玩珠峰的蒋山寺迁建在此。寺建成后，朱元璋赐名灵谷寺，并题书"第一禅林"刻石悬于寺门，意思是让灵谷寺成为天下禅林之首，并广赐田产。后经明成祖增建殿宇，形成一个占地500亩的大寺院。然而，由于屡遭战争破坏，寺内建筑大都被毁。当年的灵谷寺，曾是金陵四十八景之一。古人曾有"佛刹起扉皆垒障，僧寮汲水尽飞泉"的诗句，来赞叹灵谷寺。传说高僧昙隐云游钟山到此，忽听金石丝竹之音，依声而寻，发现了一处幽静的泉水，便认为是上天对人间的施舍，为泉起名功德泉。国民党在灵谷寺

舍，后改为栖霞寺，这就是栖霞寺的由来。寺内的《摄山栖霞寺明征君碑》为唐高宗李治所作，记载了明僧绍归隐林泉、崇信佛门的经历；是唐朝著名书法家高正臣所书，为我国保存下来的最早的行书碑之一，风格圆劲丰泽，自成一家。使栖霞山名闻遐迩的，不仅仅是它的由来与传统，还有历史悠久的千佛岩。484年，明僧绍的儿子明仲璋继承父志，与智度禅师一起凿龛刻佛。无量殿内的无量寿佛身高9米，连座高12米，观世音菩萨、大势至菩萨分侍两侧，合称西方三圣。无量石窟开凿以后，不问苍生问鬼神的齐梁贵族纷纷效法，来此凿窟，以求佛祖保佑，竟形成了294龛，515尊佛像的规模。加上后来各代的开凿，共有佛像700多尊，号称千佛岩。每值深秋，栖霞山漫山枫叶红遍，可谓层林尽染，成为又一大景观。

南京灵谷塔

南京灵谷寺无梁殿

原址改建"国民革命烈士之祠"，祭祠是原灵谷寺仅存的无梁殿改成的。无梁殿之西有志公殿、志公墓，墓前有三绝碑。碑上刻有梁朝高僧宝志公像及像赞，像是唐代画家吴道子所画，像赞是唐代大诗人李白所作，由著名书法家颜真卿书写，因此被称为三绝。但碑已非唐代原物，而是清代乾隆年间的复制品。

☆ 南京鸡鸣寺

　　鸡鸣寺在南京玄武湖畔、鸡鸣山东麓。寺名从山名而来，山名因其形状而得名。

　　"南朝四百八十寺，多少楼台烟雨中"。南朝时，梁武帝萧衍崇信佛教，曾经修建了大量的寺庙。鸡鸣寺就是梁大通元年创建的，初名为同泰寺，后又称法宝寺，明朝时重建后叫鸡鸣寺。梁武帝曾经四次到同泰寺里"舍身"当和尚，弄得大臣们

只好拿出巨款为他"赎身"。549年因侯景之乱，梁武帝被俘后忧恨成疾而死。陈后主当了皇帝以后，骄奢淫逸。589年，杨坚统一北方，发兵伐陈。陈后主自恃长江天堑可守，依然沉缅于酒色，歌舞达旦，把国事置之度外。后来，台城被杨坚军队攻破以后，陈后主才大梦初醒，惊慌逃窜，竟然携宠妃张丽华、孔贵妃避隋兵于景阳殿侧的枯井之中。隋兵发现以后，把他们从井中拉上来，三人都吓得痛哭流涕，二位妃子的胭脂沾满井石栏，用白布擦都擦不掉，留下了胭脂痕迹至今。这其实是一个后人附会的传说。据史载胭脂井原名景阳井，在台城内，后被淹没。后人为了记取陈后主的教训，就在鸡鸣寺东侧重新立了胭脂井。宋朝进士曾巩写了《辱井铭》，用篆文刻在石井栏上："辱井在斯，可不戒乎？"王安

南京鸡鸣寺

石也在此留诗一首:"结绮临春草一丘,尚残宫井戒千秋。奢淫自是前王耻,不到龙沉亦可羞。"至于井栏上的胭脂色,实际是取有紫红色脉的石头做成。

☆无锡东林书院

明代闻名天下的东林书院旧址,在今无锡东林小学。东林书院是北宋学者杨时创建的,因为他十分喜爱庐山的东林景色,故以此命名书院。明代的东林党即得名于东林书院。

"风声雨声读书声,声声入耳;家事国事天下事,事事关心"这副名联,就是东林党领袖顾宪成所撰。明万历年间,吏部郎中顾宪成因争"国本"和荐"阁员"触怒神宗皇帝和内阁首辅王锡爵,被革职后归籍无锡。在常州知府欧阳东风等资助下,他修复了废弃的东林书院,偕同高攀龙、

钱一本、史孟麟等人讲学其中。他们发表政见,揭露腐败,甚至干预朝政,影响极广。万历三十二年(1604年)十月,他们制定《东林会约》,发起东林大会,被反对派称为东林党。东林党是明末以江南士大夫为主体的政治集团,是地主阶级内部的一支异军,主张刷新政治,挽救明王朝的统治。他们反对矿监税使对商民的掠夺,反对贵族大地主垄断朝政,主张开放言路,要求参与时政,遭到贵族大地主的嫉恨。明天启初年,阉党魏忠贤得势,在朝在野的东林党人,都受到残酷的迫害,骨干人物屈死殆尽。明天启七年,思宗崇祯帝即位后,逮治魏忠贤阉党,起用被禁锢的东林党人。但此时国事日非,东林党人纵有救世良策,也无力回天了。现在的东林书院房舍,是1947年时,吴敬恒、唐文治等30人发起重修的。那副名联,是顾家后人顾希炯从顾端文公祠复制于此。

东林书院

灵山大佛

位于无锡太湖国家旅游度假区。大佛通高88米,加下面三层座基圆丘13.5米,总高度为101.5米,这是当今世界上最高大的露天青铜佛像。灵山大佛重700余吨,分成2020块铸造。其佛首熔入黄金5870克。大佛右手就有10.7米,一个脚指甲盖上能站四个成人。大佛双眼垂视,眉如星月,慈善微笑,神态安详。

寒山寺寒山、拾得圣像

建。寒山寺之出名主要是唐天宝年间诗人张继写了一首著名的《枫桥夜泊》:

月落乌啼霜满天,江枫渔火对愁眠。

姑苏城外寒山寺,夜半钟声到客船。

☆苏州寒山寺

寒山寺在苏州阊门外枫桥镇。相传唐贞观年间高僧寒山、拾得从天台山国清寺来此住持,把这里原来建于梁天监年间的妙利普明塔院改名为寒山寺。寒山初居天台寒岩,爱好吟诗唱偈,与国清寺僧拾得交友,有300多首诗,后人辑为《寒山子诗集》。拾得本是孤儿,后被携入天台国清寺为僧,他的诗也附在《寒山子诗集》中。这座寺院屡建屡毁,现存建筑是清光绪二十二年(1896年)到宣统三年(1911年)重

寒山寺塔

诗写夜泊姑苏城外枫桥,面对江中月色,点点渔火,声声乌啼,令人难以入寐的情景,这时半夜里从寒山寺传来的钟声,更触动了客人的愁思。诗境优美含蓄,尤其是寒山寺的夜半钟声,为这寂静而萧疏的秋夜平添了无限深远的韵味。从此以后诗韵钟声,千古流传。

现寺内供有清代名画家、"扬州八怪"之一罗聘所作寒山和拾得的画像石刻。张继诗内所咏的古钟早已散失。明嘉靖年间铸造的巨钟——著名的寒山寺钟,后也流入日本。清末重建寒山寺时,日本人士摹铸唐式青铜乳头钟送归,现悬于大殿左侧。殿后钟楼上另有大钟一口。近年来,每当除夕午夜,常有许多日本客人专到这里来听钟。

苏州寒山寺大钟

周 庄

位于昆山市南约40千米,西北距苏州38千米,东距上海80千米。周庄被誉为中国第一水乡,是座具有900多年历史的古镇。镇内河道呈井字形,民居依河建屋,依水成街。河岸街道狭窄迂回曲折,古居鳞次栉比,临河水阁石桥错落,一派江南水乡面貌。河道上至今还保存着元、明、清古桥梁14座。其中有国内仅存的桥楼富安桥和国内罕见的双桥。

虎 丘

在苏州市阊门外山塘街。春秋晚期,吴王夫差葬其父阖闾于此,相传葬后三日,有白虎跨其上,故名虎丘。据记载,南宋绍兴年间(1131~1162年),寺院规模宏伟,琳宫宝塔,重楼飞阁,曾被列为五山十刹之一。虎丘高仅30多米,占地不过200余亩,但一到千人石和剑池,便觉气势雄奇,仿佛置身于绝岩纵壑之间。虎丘有吴中第一名胜、江左丘壑之表的美名。

☆连云港云台山

《西游记》里那座孙悟空和众猴居住的花果仙山到底在哪里呢?就在连云港市的云台山。古代时这里是海上群岛,具有"俯视极东溟,巨浪应空排"的磅礴气势。约18世纪末,这里沧海变桑田,大海东移,才逐渐变成今天的样子。即使是现在,云台山也仍不失其峭石秀水和云台云海的美妙。

《西游记》作者吴承恩是个屡试不第的明朝文人,为了寄托他不畏邪恶、嘻笑悲歌的理想和气节,他在晚年潜心写作了《西游记》。明代时唐僧取经的故事已在民间广泛流传,吴承恩便想借此言志,写猴子的故事。正在为难没有山水烘托之际,受好友引荐,吴承恩来到云台山,以青峰顶为基地进行了游览。他先后看了水帘洞、南天门、老君堂、玉皇宫、沙河口、中王庙、七十二洞等地,被这座海上仙山的奇峰异石、灵泉洞天和名胜典故所启发,顿时灵

连云港云台山玉峰寺

感奔涌,悟出青峰顶便是他《西游记》中的花果山,由此附会出女娲遗石、卵进石猴、孙猴子花果山称圣、大闹蟠桃会等一系列妙趣横生的故事,由此写出了一部闻名中外的文学名著。今天的花果山虽然已没有了海涛拍岸的海山奇观,但山上经过长期风化的变质岩却构成了怪石嶙峋的独特风貌:石有八戒石、沙僧石、猴石、娲遗石等称奇;洞有水帘洞、七十二洞等叫绝。大自然神工鬼斧,为人们造化了长达约400米的花果山风景区。

镇江焦山碑林

☆镇江北固山

北固山是镇江名山,与金山、焦山并称京口三山。北固山原叫北顾山,相传梁武帝曾登此山北顾,说:"此岭下足须固守。"由此又得名北固山。甘露寺就在临江的主峰之上。

南宋著名爱国词人辛弃疾的优秀作品《永遇乐·京口北固亭怀古》,就是在这里写成的。"千古江山,英雄无觅,孙仲谋处……"词中怀古之情油然而生,是因为这里有三国史迹。赤壁之战后,孙权、刘备、曹操三足鼎立。周瑜定计假称把孙权的妹妹许婚刘备,京口招亲,然后扣人逼还荆州。刘备则按诸葛亮之计,设法让孙权之母吴国太甘露寺相亲,故意弄假成真,带着夫人一道返回荆州,这就是古典小说和

传统戏曲中"周郎妙计安天下,赔了夫人又折兵"的故事。但史书记载,孙权并没什么阴谋,却是真心联盟的。山上还有狠石、试剑处和溜马涧等地。刘备的夫人孙尚香,却没能随他去四川。后来刘备在白帝城逝世后,她来到主峰最高处的亭子上望江遥祭,然后投江而死。人们称此亭为祭江亭,后来又在遗址上建了北固山亭,现称凌云亭。甘露寺旁有被宋代画家米芾称为"天下江山第一楼"的多景楼,是甘露寺风景最佳处。清代进士季彦章有题多景楼对联一副:"天与雄区,欲游目骋怀,一层更上;地因多景,喜山光水色,四望皆通。"展示了北固山雄胜的气概和登高远眺的豪放之情。

☆ 镇江金山

唐代丞相裴休的儿子裴头佗,法号法海。他云游到了金山,发现东晋所建的庙宇已经毁坏,就以火燃指立誓,一定要修复庙宇。后来他在山上挖到黄金,上报皇帝后,皇帝钦命法海用这些金子修复庙宇,并敕名金山寺。这就是金山寺的由来。

在民间传说中,法海却成了多管闲事的卫道士,拆散了白娘子和许仙这一对有情人,这是不符合史实的。神话毕竟是神话,在历史上金山有一个真实的故事广为流传:梁红玉擂鼓战金山。1130年,抗金名将韩世忠率兵驾船,在镇江堵住了金兀术的北撤之路。韩世忠以8000士卒,围困金兵10万于金山西黄天荡,总共48天。韩夫人梁红玉在妙高台上擂响激荡云霄的战鼓,以振奋士气。金兀术势穷气竭,曾以行贿方式求韩世忠放一条退路,遭到严辞拒绝。后来,山穷水尽的金兀术以重金从汉奸那里买来一计,在老鹳河故道连夜凿开

同里镇

位于吴江市东7千米,北距苏州城27千米,全镇面积62.54平方千米。同里已有700多年历史,镇上现有宋元明清古石桥22座。同里镇风景优美,镇外四面环水,家家临河。建筑傍水而立,素以"小桥流水人家"著称,是江苏省目前保护最完整的水乡古镇。整座古镇基本保持了明清时期的格局。

一条通江大渠,乘小船渡江逃走。金山之战有力地打击了金兵的骄横气焰,梁红玉助夫有功,先后受封安国夫人、杨国夫人。金山寺内,还藏有东坡玉带、诸葛铜鼓、文徵明的《金山图》真迹和2700多年前的周鼎,合称镇山四宝。东坡玉带是珍贵的苏东坡遗物,记载了他与金山寺住持佛印和尚的友谊。如今,妙高台东还有纪念苏东坡抄写佛经的楞枷台和纪念他赠佛印玉带的玉带桥。

镇江金山寺

☆扬州大明寺

大明寺坐落在扬州蜀冈中峰。该寺初建于南朝刘宋孝武帝大明年间（457～464年），故称大明寺。清乾隆年间，因忌用"大明"二字，改称法净寺。今人为恢复历史旧观，重新更名大明寺。

大明寺历史珍闻盛传。寺前高耸的牌楼上题有"栖灵遗址"四个大字。"栖灵"二字的来源是隋文帝曾在此建造九级栖灵塔。李白曾登临此塔，写下"登攀览四荒"的诗句；刘禹锡曾和白居易携手同登，留下了"忽闻笑语半天上，无限游人举眼看"的名句。此塔后来毁于大火。使大明寺名扬海外的重要人物，还是唐高僧鉴真。鉴真是扬州人，少年出家，游学四方。曾在大明寺讲经授律。唐天宝元年（742年），应日本僧人荣睿、普照等邀请，从大明寺出发东渡日本。几经挫折，到天宝十二年（753年）第六次东渡，才到达日本九

扬州瘦西湖五亭桥

位于扬州西郊，是扬州蜀岗山水流入运河的一条自然河道，与杭州西湖相比，自有一番清瘦秀丽的天韵。千百年来，人们在湖畔相继建造了小金山、白塔、五亭桥、月观、吹台等建筑，形成了具有"南方之秀，北方之一雄"的独特园林风格。

州南部的秋妻屋浦。翌年在奈良东大寺建筑戒坛，传授戒法，为日本佛教登坛受戒之始。759年，鉴真在奈良建唐招提寺，传布律宗，成为日本佛教律宗的创始人。除传授佛教外，他还把中国的建筑、雕塑、医药学等介绍到日本，为中日文化交流史写下了光辉的一页。在鉴真纪念堂有一副对联："山川异域，风月同天。"较好地概括了大师的功绩。纪念堂碑亭里，正面有郭沫若的题字，背面有赵朴初撰书的碑文。

扬州大明寺

☆扬州平山堂

扬州大明寺,保存着北宋文坛领袖、重要政治人物欧阳修的许多遗迹。寺内的平山堂,相传为欧阳修建于庆历八年(1048年)。因登堂南眺,"江南诸山拱揖栏前",恰似"远山来与堂平",故名平山堂。

欧阳修是唐宋八大家之一。他倡导古文革新运动,提倡效法韩愈、柳宗元,主张文章要有内容,对转变宋初绮靡浮华的文风起了很大作用。他一生担任过中央和地方的许多官职,参加过范仲淹改革派对保守派的斗争。欧阳修直言敢谏,遭到排挤和打击,先后被贬到滁州、扬州、颖州

扬州平山堂

任太守。在谪守扬州时,他常游大明寺,以寄情山水、建堂筑亭,来排遣政治上的失意。据载,欧阳修每到夏天的时候,"辄凌晨携客往游,遣人去邵伯湖取荷花千余朵,以盆分插百许,与客相间。酒行,即遣取一花传客,以次摘其叶,尽处则饮酒。往往浸夜载月而归。"欧阳修曾写下《朝中措》词一首,以记此堂:"平山栏槛倚晴空,山色有无中。手种堂前杨柳,别来几度春风……"至今,平山堂上还挂着"坐花载月""风流宛在"的匾联,记载着欧公逸事。欧阳修晚年自称六一居士,自言:"吾家藏书一万卷,集录金石遗文一千卷,有琴一张,有棋一局,而常置酒一壶,以吾一翁老于其间,是岂不为六一乎?"平山堂后有清代建的欧阳祠,堂上高悬"六一宗风"匾额,以纪念欧阳修。

二十四桥

在扬州市瘦西湖风景区西部。占地近百亩。由玲珑花界、熙春台、二十四桥和望春楼四个景观组成。唐代诗人杜牧诗有:"青山隐隐水迢迢,秋尽江南草木凋。二十四桥明月夜,玉人何处教吹箫?"杜牧诗中的二十四桥已无从考究,今二十四桥景区为近年新建。新建的二十四桥,长24米,宽2.4米,呈玉带状单孔石拱桥。站立桥上,犹如置身于琼瑶仙境之中。

☆ 上海博物馆

在黄浦区人民大道201号。是大型艺术性博物馆,1952年12月开馆。原址在南京西路原跑马总会大厦,1959年迁河南路16号中原中汇银行大楼,1994年迁今址。40余年收集文物99万余件,定为藏品的12.3万件,有青铜器、陶瓷、书法绘画、石器、玉器、漆器、牙骨、竹木、甲骨、玺印、钱币、丝绣、少数民族工艺品、外国工艺品等21类。1993年在人民广场南端建造新馆,1994年10月竣工。1995年底新馆部分开放。新馆建筑面积3.8万平方米,外形似巨鼎,造型别致。

上海博物馆

☆ 东方明珠广播电视塔

位于上海黄浦江畔、浦东陆家嘴嘴尖上,1994年10月建成。塔高468米,与外滩的万国建筑博览隔江相望,列亚洲第一、世界第三高塔,设计者富于幻想地将11个大小不一、高低错落的球体从蔚蓝的天空中串联至如茵的绿色草地上,而两颗红宝石般晶莹夺目的巨大球体被高高托起,浑然一体,创造了"大珠小珠落玉盘"的意境。

东方明珠广播电视塔

塔座主要由3000多平方米的进出大厅和一个近2万平方米的商场组成。下球体直径为50米，其中一层为海拔98米的观光廊，其余各层安装了先进的娱乐设施。上球体直径为45米，其观光层高达263米，是鸟瞰全市的最佳所在。高耸入云的太空舱设在350米处，内有高级观光层和豪华的会议厅，主要用于接待各国元首及贵宾。

而成的水晶宫殿，是一座融新技术、新工艺、新材料于一体的艺术殿堂。

☆ 上海大世界

上海大世界

在黄浦区西藏南路延安路口。大型综合性游乐场。1917年商人黄楚九筹资创办。建筑1.5万平方米。一至四楼均有小型剧场，演出各种戏剧、杂技魔术和电影等，可容纳观众2万余人。1932年为黄金荣收购。1954年为人民政府接管，易名为人民游乐场。"文化大革命"中曾停业，后又改为上海市青年宫。1987年1月恢复大世界原名。进门为

☆ 上海大剧院

在黄浦区人民广场西北角，南临人民大道，东邻人民大厦（市府大厦）。1998年8月建成。占地2.1万平方米，建筑面积7万平方米，建筑总高度40米，共计10层（地面6层、地下2层、顶部2层）。剧院大舞台为目前世界上容纳面积最大、动作变换最多的舞台之一。大剧院这座用音符串织

上海大剧院

哈哈镜厅，中央露天剧场演出杂技、魔术、交响乐等，还有碰碰船厅；二楼剧场演出京剧、越剧、沪剧、评弹，还有太空迷宫、酒家；三楼有大世界吉尼斯之最的赛场，号称擂台，有各种绝技表演和竞赛，还有游艺厅；四楼有音乐厅、歌舞厅、电影场等。

☆中共一大会址

在卢湾区兴业路76号（原望志路106号）。1921年7月23日，各地的共产党早期组织推派毛泽东、董必武、何叔衡、陈潭秋、王尽美、邓恩铭、李达、李汉俊、刘仁静、张国焘和陈公博、周佛海，陈独秀指派包惠僧参加，代表全国50多名党员，在此举行中国共产党第一次全国代表大会。1952年9月，中共“一大”会址修复，辟为纪念馆并对外开放。1984年3月邓小平题写了馆名。1998年6月纪念馆进行扩建，1999年5月27日庆祝上海解放50周年纪念日建成并正式对外开放。

玉佛寺

在普陀区江宁路安远路口。清光绪年初，普陀山僧人慧根至缅甸迎回大小玉佛五尊。归国后途经上海，留下两尊并募款在江湾建寺。光绪八年(1882)竣工。殿宇仿宋代体制，中轴线上建有天王殿、大雄宝殿、玉佛楼三进殿院，东西配建卧佛堂、弥陀堂、观音堂、禅堂等，结构精巧，雄伟壮丽。玉佛楼供玉佛坐像，高1.9米，用整块白玉雕成，色泽晶莹，神态庄严。楼上并藏有清刻大藏经7000余卷。

一大会址

☆上海是怎样得名的

上海现在是我国最大的工商业城市。从古至今,上海的发展与贸易有着密切的联系。大约从宋代开始,随着商贸的日益兴盛,上海一跃成为"东南名城",尤其在清道光年间更是"商贾云集""城内外无隙地"。不过,上海名称的出现和上海作为一个独立的行政区并不是很久。在唐代它还仅仅是华亭县的一部分。关于上海名称的由来目前有两种说法:一种说法是取自《弘治上海志》中"其地居海上之洋"这句话;另一种说法认为由于当时有上海浦和下海浦等水道而得此名。但是无论哪一种说法,有一点可以肯定的是,宋代开始设置上海镇,至元代改称上海县,1928年设置上海特别市,两年后改称上海市,一直到现在。

☆上海世博会中国馆

2010年上海世博会中国馆,位于世博会园区浦东A片区,世博轴东侧。总建筑面积约16.01万平方米。它以城市发展中的中华智慧为主题,表现出了"东方之冠,

东方之冠

鼎盛中华,天下粮仓,富庶百姓"的中国文化精神与气质。中国馆共分为国家馆和地区馆两部分。国家馆主体造型雄浑有力,犹如华冠高耸;地区馆平台基座汇聚人流,寓意社泽神州,富庶四方。国家馆和地区馆的整体布局,隐喻天地交泰、万物咸亨。中国馆以大红色为主要元素,充分体现了中国自古以来以红色为主题的理念,更能体现出喜庆的气氛。

上海南京路

☆ 上海豫园

豫园是上海保存比较完整的一座古代园林。豫园中心大假山,高约4丈,由2000吨重的武康石堆砌而成。园内以曲径回廊将三穗堂、仰山堂、点春堂、易花楼、快楼、得月楼、会景楼、两宜轩、鱼乐榭等亭台楼阁堂榭联系起来,楼台精巧,景致幽雅。

豫园始建于明嘉靖三十八年（1559年）。左都御史潘恩的次子潘允端,因进士落第,郁闷不乐,便在菜畦上构亭艺竹造园,聊以自娱。三年后,潘允端却考中了进士,出任刑部主事,官至四川布政使。造园之事,遂告一段落。到万历五年（1577年）,潘允端解职回乡,便再次扩建此园。前后用了五年的时间,精心构置,并请了当时园艺名家张南阳设计叠山,终于造成了这座江南名园,共占地70多亩。园成后取名豫

豫园围墙上的巨龙装饰

园,因"豫"与"愉"音同义通,名字的意思是"愉悦老亲",可惜园子落成之时,其父潘恩已去世,"老亲不及一视其成,实终天恨也"。为了经营这座园林,潘允端几乎耗尽了家财,他在《豫园记》中写道:"第经营数年,家业为虚,余虽嗜好成癖,无所于悔,实可为士夫殷鉴者。若余子孙,惟永戒前车之辙,无培一木植一木,则善矣。"

豫园九曲桥和湖心殿

101

先祖之言在上,豫园果然在子孙手中荒芜了。后几经兴废。

"欲投小刀会,来到点春堂"。豫园点春堂在1853年曾是小刀会首领的指挥部,曾指挥上海军民坚守17个月,直到首领们都英勇牺牲。

☆ 上海外滩

外滩大楼

外滩位于黄浦区,原指旧上海县城至苏州河南岸的黄浦江西岸滩地,现泛指沿黄浦江的中山东一路、中山东二路及其附近地段。1845年,该地段被辟为英租界,洋行、银行云集,一时成为金融中心。20世纪初开始,又营造许多大型建筑,使这里又成为上海近现代各国、各地风格建筑最集中的地段。

外滩代表着上海的风景,并且是一个在上海必须参观旅游的目的地。在19世纪后期,外滩的许多外资银行在被誉为上海的"财政街"或"东方华尔街"的外滩建立了。因此,外滩成为了鼓励财政投资的场所。由于外滩所富有的历史价值,在外滩拥有一小块土地不仅仅是财富的标志,更是荣誉的标志。

☆ 杭州西湖

"水光潋滟晴方好,山色空蒙雨亦奇,欲把西湖比西子,淡妆浓抹总相宜。"苏东坡的这首《饮湖上初晴后雨》,历来被认为是吟咏西湖的绝唱。

西湖过去是与钱塘相通的一处浅海湾,以后由于泥沙淤塞,大海被隔断,在沙嘴内侧的海水成为一泻湖。湖水经长期泉水冲洗及历代人工疏浚整理,才逐渐成为西湖。西湖相会、断桥残雪所在的白堤,是人民为纪念治湖利民的州官、大诗人白居易而命名的。三潭印月,是北宋诗人苏东坡在杭州做通判,疏浚西湖时立的三个石塔,禁令不准种植菱角的标志,因设计巧妙而成为一处胜迹。

西湖一景

☆ 杭州岳王庙

南宋留下的最著名的史迹莫过于是西湖畔栖霞岭下的岳王庙和岳飞墓了。岳飞（1103～1142年），字鹏举，是南宋初期的抗金名将。金兵焚掠建康时，他主动出击，打退金兵，收复建康。1134年出兵收复了襄阳、邓州、唐州和信阳，晋封为武昌开国子和清远军节度使，这时他才32岁。1136年，再次北上，即将打到汴京，却被高宗诏令退兵。宋金议和以后不久，金兵又大举南侵。岳飞军与太行山及两河义军配合，打得金军闻风丧胆。由于他常战常胜，功高权大，加上坚决主张抗战，反对苟安和谈，以打到黄龙府为目标，已经受到高宗猜疑和投降派的忌恨，后来金军主帅宗弼又派密使告诉奸相秦桧："必杀岳飞，才可议和。"秦桧党羽一起上章奏请从速处分岳飞，岳飞被罢官出朝。秦桧又伙同张俊收买了岳飞部下的一个副统制王俊，指使他诬告岳飞部将张宪和岳云谋反，将他们逮捕下狱。秦桧又派人把住在庐山的岳飞骗

杭州岳王庙岳飞像

到临安，以谋反罪名下狱。岳飞长叹道："我方知已落秦桧奸贼之手，使我为国忠心，一旦都休！"1142年十二月，高宗、秦桧终于以"莫须有"的罪名毒死了岳飞。岳云和张宪亦被斩首。岳飞被害时，年仅39岁。狱卒隗顺偷偷地把他的尸体背到北山埋葬。宋孝宗即位后，积极主张抗战，追复岳飞和岳云的官爵，依官礼把他的遗骨改葬到现址。墓园名"精忠园"，前有墓阙，石翁仲和石兽分列两班。阙下跪着四个铁铸的人像，反绑双手，面墓而跪，这就是陷害岳飞的秦桧、秦妻王氏、张俊、王俊四人。

岳庙创建于南宋嘉定十四年（1221年），历代屡加修葺和重建，门楼上悬黑底镏金的"岳王庙"三字竖匾。殿内供岳飞塑像，身着戎装，按剑而坐，座像上端悬挂模仿岳飞的手书匾一块，上书"还我河山"四个大字。

杭州岳王庙秦桧夫妇跪像

☆ 杭州灵隐寺

西湖西北灵隐山麓，有一座飞来峰，东晋咸和初（约326年），印度高僧慧理登上此山，说这是天竺灵鹫山的小岭，不知何年飞来？因而命名为飞来峰或灵鹫峰。山上的岩石像龙、虎、象、猿等各种动物，峰下有不少天然岩洞，回旋幽深。峰前又有冷泉。慧理认为佛在世时，这山是仙灵隐居的地方，于是在此山建寺，取名灵隐。随着寺院的发展，又在飞来峰造了不少佛像。

灵隐寺在五代吴越国时曾盛极一时。钱镠命高僧王延寿主持修建寺舍，共建9楼18阁、72殿，房屋1200多间，僧众3000，后来在元代毁于兵火。明清两代又六次废毁重建，现存大殿为清代遗物。1956年和1970年两次大修。天王殿内弥勒佛坐像背后有用整块香樟木雕的韦驮像，是南宋遗物。大雄宝殿中的释迦是金装像，形象庄严静穆，四周环列二十诸天的金装像。吴越国遗物现仅存天王殿前的两座石经幢，左边的一座刻《大佛顶陀罗尼经》，右边的一幢刻《大陀罗尼经咒》。两座经幢都是北宋开宝二年钱镠所建，并刻有他写的建幢愿文。

飞来峰上有五代、宋、元时石刻造像380余尊，散布在天然岩洞和沿溪涧的岩壁上。青林洞右岩壁上的弥陀、观音、大

杭州灵隐寺

势至制作于五代951年，是飞来峰最古的造像。沿溪壁上有宋代所镌大肚弥勒一尊，喜笑颜开，十分生动，是飞来峰最大的造像。宋代造像大多结构完整，技法精练；元代造像则雕刻精美，并有不少密教佛像。

☆ 富春江

富春江就是钱塘江从浙江桐庐到萧山县闻堰段的别名。习惯上把桐江和七里泷也包括在内。这一带两岸山色青翠，江水清碧见底，古来就以山川秀美著称。南朝梁代文人吴均有一篇著名的文章《与朱元思书》，所描写的就是从富阳到桐庐的景色。

从建德县梅城镇双塔到桐庐县严子陵钓台，全长23千米，叫做七里泷，又叫七里滩或七里濑。两岸高山连绵不绝，都是

绝壁削立，水流迅急。无风时一日船可行36千米。人坐船中，像在半空中行走。七里滩和严子陵钓台在古代诗歌中是常用的典故。严子陵名严光，会稽余姚人。与汉光武帝刘秀是少年同学。刘秀即位当皇帝，他就隐姓埋名隐居起来，不再与光武帝相见。后来光武帝四处寻访他，把他找到后，他坚决不肯做官。光武帝便和他叙旧情，晚上一起睡觉，严光把脚搁在光武帝肚子上。第二天太史上奏说客星犯御座。光武笑着说：是我和老友严子陵一起睡觉。虽然光武帝一再要严光出山，严光始终不为所动，最后还是回到富春山。后人把他钓鱼的地方称作严陵濑。钓台在富春山上，又称严陵山。李白在《古风》第12首诗中称赞他说："昭昭严子陵，垂钓沧波间。身将客星隐，心与浮云闲。长揖万乘君，还归富春山。清风洒六合，邈然不可攀。"

☆ 绍兴鲁迅故居

鲁迅故居在绍兴都昌坊口周家新台门内。这座典型的绍兴台门屋，建于清朝乾隆末年，距今已有200多年历史。新台门是绍兴周家聚族而居的地方，后来房产卖给东邻朱姓，但鲁迅故居主要部分幸得保存下来。

1881年9月25日，鲁迅诞生在这里。鲁迅的童年和少年时代，以及辛亥革命前后他在绍兴时，也都住在这里。先生的一生，有三分之一的时间是在此度过的。里边桂花明堂北面的五间楼屋，是鲁迅一家早期的住处。鲁迅的祖父周福清，是清末甲子科举人，辛未科进士。光绪五年（1878年）升内阁中书。光绪十八年时因母亲去世，周福清告假从北京回绍兴守丧。第二

富春江

富春江，上溯淳安、下至富阳，是一处自然风光与人文景观交相辉映、协调极佳的风景名胜区。富春江两岸重山复岭，环抱屏峰，沿江有鹳山、天子冈、桐君山、瑶琳洞、严子陵钓台等名胜古迹。

三味书屋

105

年九月,他为地方望族五姓子弟科考一事,贿赂浙江乡试主考官。事败案发,成为轰动一时的科场舞弊事件,被革职入狱。周家遂开始衰落。鲁迅自己说:"我的祖父是做官的,到父亲才穷下来,所以我其实是'破落户子弟'。"而这破败却使鲁迅选择了一条完全不同于祖父和父亲的人生道路。

鲁迅在他著名的散文《从百草园到三味书屋》中提到的两处地方,至今犹存。百草园在新台门北首,原是周家族人共有的一个荒芜菜园。出鲁迅故居东行数百步,往南跨过一座石板平桥,就是鲁迅少年时代的读书处——三味书屋。三味一名取"读经味如稻粱,读史味如肴馔,读诸子百家味如醯醢"之意。

绍兴鲁迅故居

☆ 天 台 山

天台山在浙江天台县城北。山周400千米,据说因山有八重,地当斗宿和牛宿的分野,上应台宿,所以名为天台。传说这里是三国时吴国方士葛仙翁(名玄,字孝先)炼丹得道的地方,又是我国佛教天台宗的发源地。

天台宗是隋唐佛教中的重要宗派之一,与华严宗一样,都想调和佛教中各宗派之间的矛盾和门户之见。创始人为陈、隋之间的智𫖮和尚。他住在天台山,结草庵讲经10年。智𫖮共建佛寺36所,自称所造之寺,以栖霞、灵岩、天台、玉泉为天下四绝。

天台山现有隋代古刹国清寺,是杨广遵照智𫖮的遗愿修建的。清雍正年间重修,拥有600多间殿宇,为我国保存比较好的著名古寺之一。14座大殿分布在三条中轴线上。大雄宝殿中有明代铜铸的释迦坐像,重13000千克,连座高6.8米。两侧十八罗汉均为元代作品,用楠木雕制。殿东侧小院里有古梅一株,是隋代寺院初建时天台宗五祖章安手栽,历经千年,主干枯而复生,遇春依旧繁花满树。国清寺里除了安养堂、观音殿、妙法堂、雨花殿、弥勒殿、大雄宝殿、斋堂、方丈楼、静观堂等主要殿宇外,还有唐代名僧一行和尚的两处遗迹。天台山峰峦陡峭,有瀑布、溪山、碧潭,山水清深,风光独特。山峰中最幽深的是琼台峰，这里山花丛开，林色青翠。前有双阙峰。台上有仙人座，形似椅子，据说是铁拐李每年中秋来此赏月所坐的。天台诸峰最高的是华顶峰，因天台山上下八重，像一朵莲花，而华顶峰正处于花心顶端。这里松桧遍山、叶满地。峰顶有智者大师的拜经台，峰下有善兴寺，寺外茅棚错落，为僧人所筑，一向有七十二茅棚之称。还有传说是李白读书的太白书堂，以及王羲之写《黄庭经》的墨池。天台最壮丽的山峰是赤城山，山顶圆形，石色微红，远看像有红霞映照在屏列的城墙上。山顶的赤城塔为南朝梁岳阳王妃所建。西天台山还有一景名"桃源春晓"，山中有桃源洞，传说东汉时刘晨、阮肇入天台山采药，在这里遇到两个仙女，刘、阮被邀请居留半年，俩人返回家乡时，子孙已经传了七代，于是二人又重返天台。

☆普陀山

在浙江省东北沿海舟山群岛中部的莲花洋上，有一个呈狭长形的岛屿，四周碧波浩渺，浪花似莲，这就是驰名中外的普陀山。普陀山雄峙东海，是我国四大佛教名山之一，与安徽九华山、山西五台山、四川峨嵋山齐名。古人说："以山而兼湖之胜，则推西湖；以山而兼海之胜，当推普陀。"据佛经记载，这里是观世音教化善财童子的地方。千百年来，普陀山以"有室皆寺，有人皆僧"的形象，素有海天佛国、海上仙山之称。普陀山全名普陀洛迦山，也称补陀洛迦、补恒洛迦，均为梵语的音译，汉语意即"美丽的小白花"，故又称白华山，小白华。唐大中十二年(858年)，日本僧人慧锷留观音像于山后成观音道场，普陀山自此名声日起。宋时佛教徒为使山名与观音有关，据《华严经》中"瑟瑟卑罗居士指示善财童子曰：'南方有山，名补恒洛迦，彼有菩萨名观自在'"一段话，才改成与今相近的名。明神宗朱诩钧敕改"宝陀观音寺"为"护国普陀禅寺"后，普陀才成山名并沿称至今。

天台山国清寺

普陀山

☆安徽黄山

"五岳归来不看山，黄山归来不看岳。"神奇的黄山，位于安徽省南部。黄山古时称黟山，唐时因传说轩辕黄帝曾来此修身炼丹，始改称今名。黄山风光神秘莫测，被传说成是天帝居住的仙都，因而又有"天上的都会"之誉。

普陀山尽管寺院庵堂众多，但最著名的三大寺是普济寺、法雨寺、慧济寺。普济寺主殿大圆通宝殿与一般寺院大雄宝殿不同，它不是供奉如来佛，而是供奉观音大士。据说这与皇家钦定有关，具有浓厚的官方色彩。普济寺为全山主刹，有殿10所、楼12栋、堂7所、轩4所，建筑面积9360平方米，规模可想而知。

黄山北峰石猴观海

磐陀石

在普陀山梅岭峰上。高2.7米，宽近7米，上宽下窄，顶巅平坦，可容30人，下石周广20余米，将上石托住。磐陀石险如滚卵，却安稳如磐，为普陀胜境之绝。石上有侯继高书"磐陀石"三个大字，还有"金刚宝石""通灵""天下第一石"等题材。

黄山成为名山，至少有1200多年的历史。唐朝大诗人李白游黄山时，曾用诗篇礼赞道："黄山四千仞，三十二莲峰。丹崖夹石柱，菡萏金芙蓉。"此后，黄山日益享有盛名。明代大旅行家徐霞客两次游览黄山，称誉黄山为"生平奇览"。黄山之美，在于自然，在于它兼含许多名山特色，故又有"天下名景集黄山"之说。

在154平方千米的黄山风景区内,汇集了成千上万的大小山峰,有名可指的就有72座。其中莲花峰、光明峰和天都峰是三大主峰,海拔都在1800米以上,鼎足而立,雄踞山体中央。黄山之奇,在于怪石、奇松和云海。怪石灵幻奇巧,如"松鼠跳天都""金鸡叫天门""猴子观海""梦笔生花"等,莫不惟妙惟肖。奇松千姿百态,像迎客松、蒲团松、棋盘松、凤凰松、黑龙松、卧龙松等,都是神韵天成。而松石相伴,相得益彰,"无松不石,无石不松。"云海则如纱似带,缭绕于峰壑松石之间,魔术师般的幻化出神妙的仙境,使黄山景色丰富而不单调,有动有静,相映生辉。而茫茫云海奔涌成云涛雾浪时,更是波澜壮阔。临如古诗意境:"处处真成银色海,青青独露几峰高。"

黄山一景——西海仙人晒靴

西海

西海峰奇水秀,诸多景点千姿百态,栩栩如生。有双笋、尖刀和石床诸峰,以及"仙人晒靴""仙女绣花""武松打虎"等奇观。排云亭前绝壁千丈,云气缭绕,是欣赏云海、晚霞和奇峰幽谷的佳境。

黄山飞来峰飞来石

☆黄山天都峰

天都峰在黄山东南,海拔1829米。古称"群仙所都",意为天上都会,故名天都峰。此峰为黄山三大主峰最险峭者,前人有诗赞曰:"任他五岳归来客,一见天都也叫奇"。天都峰峰顶平如掌,有"登峰造极"石刻,中有天然石室,可容百人,室外有"仙人把洞门"等奇景。立此观景,犹如置身天庭,峰上风光无限,峰下胜景争奇。在古代,由于山高云深,人迹难至,天都峰被神秘化。《黄山志》上记载着山上僧人的描述:每当阴晦寂寞之时,往往见天都峰上有冠裳葆羽山之歌,似仙似佛,或骑或徒,历历于苍翠之间,冉冉于青冥之表。真是一派缥缈的仙国景象。传说天都峰的天门坎,是从华山来的五位道长变

黄山云海

按其形成的方位,分为东海、西海、南海、北海和天海,五海各具特色。这里的山因云而变得神活起来,云来时,波涛滚滚,浩瀚无际;云去时,无声无息,瞬息万变,天晴时,金光万道,色彩缤纷;雾浓时,影影绰绰,不视其容。云生景变,云动景移,动静结合,神秘莫测,百里黄山因云而变幻无穷,妙绝天下。

成金鸡叫开的。五位道长叫开天门之后,赏尽了天都的妙景。为了使天门坎不再关闭,让后来者不再受阻,道长们甘心变成一只大公鸡,天天对着天门坎叫,天门坎才得以打开。至今,这只化为石头的大金鸡仍屹立在天都峰西侧、半山寺对面高空的悬崖上。

大约在明万历四十二年(1614年),黄山法海禅院的普门和尚率先与佛门弟子登上天都。四年后,徐霞客"以流石蛇行而上,攀草牵棘,石块

黄山迎客松

丛起则历块,石崖侧削则援崖",登上天都峰,返回时只好"前其足,手向后据地,坐而下脱",以冒死涉险的无畏精神,探明了此峰。天都峰逐渐为人识,民谚云:"不到天都峰,登山一场空。"

☆ 青阳九华山

九华山位于安徽省青阳县内境。因其峰有九,古称九子山。唐天宝年间,大诗人李白与友人游历秋浦河时,望九峰如莲花,写有"妙有二分气,灵山开九华"联句,遂人称九华山。后来他游历青阳,游历九华,又写有"昔在九江上,遥望九华峰,天河挂绿水,绿出九芙蓉",使九华山名闻天下。

但真正使九华山声播海内的,还是由于这里是佛教胜地。唐高宗永徽四年(653

九华山

九华山

"大江以南,山之峭拔而秀丽者莫如九华。"九华山素有九十九峰之称,千米以上的高峰有20多座,以天台、天柱、十王、莲花、独秀、芙蓉等九峰最为雄伟。遍布九十九峰之间的苍松翠竹、怪石奇洞、幽谷深潭、清泉飞瀑,奇秀多姿,妙景天成。

"山不在高,有仙则名"。风光秀丽的九华山由于历代僧道的开发,保存了灿烂的宗教文化,享有"仙城佛国"之称。僧众云集,寺庙林立,香火日盛。明清两代是九华山佛教隆盛时期,当时有寺庙150余座。这些寺庙颇有特色,金碧辉煌的梵宫玉宇和玲珑别致的茅蓬精舍,或雄踞峰崖陡壁上,或散布山谷丛林之间。九华山的佛寺建筑类型大体有官殿、民居、组合式三种。尤其是民居式佛寺,在建筑工艺上吸收了皖南民居的特点,在中国佛寺建筑中独树一帜。

年),朝鲜半岛古新罗国王族金乔觉和尚来此。他见九华山秀丽,就在此隐修多年,后经佛教徒诸葛节等人邀请,在今天的九华街芙蓉岭下买地建庙,宣扬佛法,苦行笃修。唐贞元十年(794年)七月三十日夜,金乔觉在南台跏趺坐化,终年99岁。传说他逝世后,肉身形如佛经中的地藏菩萨,信徒遂称其为金地藏,并建起三级肉身塔及肉身宝殿供奉。地藏,为佛教大乘菩萨之

棠樾牌坊群

是安徽省现存古建筑坊中最大的牌坊群，在全国也属罕见。它位于黄山市歙县城西6千米处的棠樾村，跨村前石板大道而立。七座牌坊一字排开，拔地而起，规模宏大，雕琢精细优美，造型古朴典雅。这些牌坊都是棠樾鲍氏家族营建，其中明朝三座，清朝四座。整个牌坊群按"忠孝节义"的顺序排开，其中"义"字石坊上题的是"圣旨""乐善好施"，旌表的人物是清代大盐商鲍漱芳。棠樾牌坊群集中体现了徽州文化"义""利"兼得，"儒""商"合一的精神内涵。

一。佛经上称他"安忍不动犹如大地，静虑深密犹如地藏"，意思是说他如同大地一样，含藏着无数善根种子。佛经还说地藏受释迦佛嘱托，在释迦圆寂而未来佛弥勒下世前的56.7亿万年间，担当起教化六道众生（即众生的所谓六种轮回）的重任，他还发誓："地狱未空，誓不成佛！"为此，地藏离开天界，进入地狱去超度罪人的灵魂，因而地藏菩萨又称为幽冥教主。民间以七月三十日为地藏王生日，每年举行盛会以纪念。九华山遂成为佛教四大名山之一。

☆齐云山

齐云山，又称白岳或云岳，矗立于黄山市休宁县和黟县之间。绵亘30余里，方圆100余里，主峰海拔1000多米。山上有三十六奇峰，七十二怪崖，十六洞穴，二十四涧，以及许多池、泉、瀑等。齐云山向以幽、丽、奇、险著称，历来与黄山、九华山并称为皖南三大名山。

齐云山由厚层紫红色砾岩、暗紫色钙质硬砂岩、紫色钙质细砂岩组成。这些岩石呈水平或微倾斜状态成层分布，不仅垂直节理发达，而且钙质砂岩具有可溶特点，经过流水的冲蚀作用的影响，遂形成石峰林立、丹崖绝壁、危岩排空和怪石嶙峋的奇岚风光。而且峰、岩、洞、石都灿若红霞，身临其境，宛如进入"仙宫"。这就是地质学上常说的丹霞地貌。

安徽齐云山

☆南昌滕王阁

滕王阁坐落在南昌章江门外,前临赣江,背依城区。滕王阁与岳阳楼、黄鹤楼并称为江南三大名楼。此阁原为唐太宗的弟弟李元婴任洪州都督时所造,后李元婴被封为滕王,因此得名滕王阁。但使滕王阁名闻天下的,则是王勃的那篇《滕王阁序》。

王勃字子安,山西稷山人。是初唐四杰之一。据说他6岁即善文辞,9岁就能指出颜师古注《汉书》之瑕疵。在他任唐沛王李贤王府修撰时,恰逢沛王李贤与英王李哲斗鸡。王勃助兴凑趣写了《檄英王鸡文》。没想却惹怒了唐高宗,认为王勃是影射唐王室中的攻讦争斗,将其逐出沛王府,贬为虢州参军。后因误杀官奴曹达,被论处死罪。唐上元元年（674年）王勃遇赦,第二年他去交趾看望父亲,泊舟在滕王阁下,无意中完成千古杰作《滕王阁序》。不幸的是,此后他因渡海溺水而死,年仅29岁。

却说当时王勃路过此地,恰逢洪州都督阎伯屿于重九日设宴高阁,遍邀宾客,王勃遂得赴宴。阎都督本欲借此夸耀其女婿吴子章的才华,已经让吴事先作了一篇序文。席间,阎都督遍请宾客为阁作序,众皆辞谢,唯王勃不知内情,欣然命笔。为此,"都督怒,起更衣,遣吏伺其文辄报。"王勃当众挥笔,连序带诗一气呵成,四座皆惊

南昌滕王阁

113

服。当阎都督看到"落霞与孤鹜齐飞,秋水共长天一色"时,也不得不叹为"天才"。从此,人杰地灵,文阁生辉。

☆庐 山

庐山古称匡庐,又名匡山。《山海经》称庐山为天子都、天子障、南障山。以庐山之名见称,首出于司马迁《史记》一书,有"余南登庐山,观禹疏九江"之句。也有传说是殷周时期有匡氏兄弟七人结庐而隐居于此,周威烈王时派使者来访,匡氏兄弟早已羽化仙去,唯庐独存,幻化为山,因而后人称为庐山、匡庐,等等。庐山历史悠久,早在东汉时期,庐山已成为全国佛教的中心之一,寺庙多达300多处。至晋代,道教传入庐山,画栋雕檐的道观庙宇更是

庐山龙首崖

龙首崖

是一处奇特的山岩,拔地千尺,形似两块巨石,一块直立,下临绝壑,深不见底,一块横卧其上,直插天池山腰,宛如苍龙昂首,飞舞天外。登龙首崖俯视,深渊百丈,涧水雷鸣,怪石满目,青松横生,景色奇特壮观,站在龙首崖上,看云雾、闻松涛、听山泉之巨响,动魄惊心,人称"奇绝"。来庐山游览的中外游客,无不以登龙首崖为平生一快。

庐山含鄱口

触目皆是。此后,上庐山的历代名流学者甚多,比如王羲之、谢灵运、陶渊明、孟浩然、李白、白居易、颜真卿、范仲淹、欧阳修、王安石、苏轼、米芾、岳飞、朱熹、陆游、徐霞客、康有为等,他们为后人留下了卷轶浩繁的诗赋和题刻,使庐山成为一座具有璀璨文化的历史名山。

庐山属于古老变质岩断块山,是第四

☆龙虎山

龙虎山在贵溪市西南部，原名云锦山。相传东汉时我国道教创始人之一张道陵来此炼丹修道，有青龙白虎镇守丹炉，后龙虎相斗，化作两座大山，一似龙盘，一似虎踞，故名。龙虎山是我国道教名山，道书称"第二十九福地"。张道陵后裔世居于此，为道教正一道发源地。原有龙虎观坐落在山岩中，坐东向西，额曰"正一观"，为道教正一派最重要的宫观，今仅剩残垣。

龙虎山风景名胜区位于江西省鹰潭市，距市中心18千米，由仙水岩、龙虎山、上清宫、洪五湖、马祖岩和应天山六大景区组成，有55个景点、261个景物景观，面积达200平方千米。此外，还包括弋阳龟峰等独立景区（点），面积40平方千米。1988年经国务院批准列为国家重点风景名胜区。

庐山三叠泉

纪冰川期所形成的。全山有山峰90多座，大都在海拔1000～1300米之间。庐山的风景名胜很多，有唐代诗人白居易歌咏桃花的花径；有传说中仙人居住的仙人洞；有巨石凌空号称奇绝的龙首崖；有环境清幽飞流渲泄的乌龙潭等瀑布；有称誉为植物王国的庐山植物园；有一岭逶迤中开巨口，仿佛要汲尽鄱湖之水的含鄱口等。山下主要有号称山南之美的秀峰；东晋名僧慧远诵讲佛经的东林寺；宋代思想家教育家朱熹讲学的白鹿书院；晋代陶渊明的故乡栗里……到目前为止，庐山上已被开发的景点有100多处。

龙虎山

☆ 道教圣地三清山

三清山位于江西省上饶市东部门户玉山、德兴两县(市)交界处。

三清山主峰玉京峰海拔1817米,雄踞于怀玉山脉群峰之上。三清山因玉京、玉华、玉座三峰峻拔,犹如道教所尊崇的玉清、上清、太清三神列座其巅,并有古建筑三清宫而得名。在漫长的地质史中,三清山历经了多次地质构造运动,尤以大规模断裂褶和岩浆活动的印支燕山运动最为成熟,从而形成了三清山今日的奇伟景观,具有很高的观赏和研究价值。

三清山风景名胜区旅游资源丰富,规模宏大,种类齐全,景点众多,景区面积达220多平方千米,中心景区71平方千米,共分三清宫、梯云岭、三洞口、玉灵观、西华台、石鼓岭和玉京峰七个景区。三清山东险西奇、北秀南绝,兼具"泰山之雄伟、华山之峻峭、衡山之烟云、匡庐之飞瀑"的特点,奇峰异石、云雾佛光、苍松古树、峡谷溶洞、溪泉飞瀑、古代建筑、石雕石刻各具特色,惟妙惟肖,形态逼真。

三清山历来是道教胜地。相传明建文帝称赞它为"高凌云汉江南第一仙峰,清绝尘嚣天下无双福地"。据史书记载,东晋升平年间(357~361年),医药学家、炼丹术士葛洪到三清山结庐炼丹,至今山上遗有葛洪所掘的丹井和炼丹炉的遗迹。三清山为历代道家修炼场所和隐士的世外桃源。自晋朝葛洪开山以后,便为信奉道学的名家所向往而渐成为道家的"洞天福地"。

江西三清山

☆ 厦门鼓浪屿

　　鼓浪屿是厦门西南隅的一座小岛，与市区隔着700米宽的海峡，面积1.78平方千米。宋元时称园沙洲，明朝时改称鼓浪屿。因岛西南角有一岩洞，涨潮时浪涛撞击发出如鼓的声音而得名。

　　鼓浪屿素有"海上花园"的美称。大自然用绿树红花碧草把全岛串成一个艳丽的大花环，一座座18世纪的欧美式建筑物镶嵌其间，错落有致，相映成趣。这里空气清新，无车马喧嚣，却时闻琴声悠扬。岛上居民的音乐素养较高，普遍喜欢钢琴和小提琴，我国不少著名的音乐家，曾在这钟灵毓秀之地熏陶成长。因此，鼓浪屿又有"音乐之岛"的美誉。

厦门鼓浪屿郑成功像

　　岛的中央日光岩，是全岛最高峰，海拔92米。陡峭的巨石上镌刻着"闽海雄风"四个遒劲的大字，右上角有"郑延平

厦门鼓浪屿

水操台故址"八个小字。日光岩,是当年郑成功指挥操练水师的地方。据清人的《台湾使槎录》记载:"成功重操练,舳舻陈列,进退以法,将士在惊涛骇浪中,无异平地,跳踯上下,矫捷如飞……"从中我们不难看出郑成功训练水师的规模和治军的严整,也正是因为有了这样的海上劲旅,才使他能够战胜船坚炮利的荷兰殖民者。半个世纪以前,蔡廷锴将军登日光岩,曾题诗一首"心存只手补天工,八闽屯兵今古同。当年故垒依然在,日光岩下忆英雄。"

☆ 惠安洛阳桥

洛阳桥又名万安桥,横跨在福建惠安市至泉州市交界处的洛阳江上。始建于北宋皇祐五年(1053年),是当时住泉州郡守的蔡襄主持修建的,历时六年零八个月才完成。桥长约1200米,宽约5米,有46座桥墩,500个扶栏,还配有石狮、石亭、石塔和武士石像等,规模宏大,是我国古代第一座海港大石桥。洛阳江也叫乐洋江。相传唐宣宗曾游于此,览山川胜概,有"类吾洛阳"之语,因此命此江为洛阳江,桥则以江为名。洛阳桥处于江海交汇处,江阔水深,风猛浪急,工程极为艰巨。当时的造桥工匠沿着桥梁中线抛置大量石块,首创了"筏型基础"以建造桥墩,并种植大量牡蛎来巩固桥基,是世界上把生物学应用于桥梁工程的先例,可谓匠心独运,旷古未有。

这里还有一段有趣的传说。建桥时浪潮夹涌,桥基难造。蔡襄派衙役夏得海下江投檄,欲求援于海神。衙役悲叹道:"茫茫海潮,何以投檄?"于是,买酒剧饮,醉卧海滩,准备等待潮至淹死。不知不觉中睡去,朦胧中好像有两个巡海夜叉领他下海去见海龙王。醒来时发现檄文已换成复文,夏得海连忙回府复命。蔡襄拆开一看,只有一个"醋"字。蔡襄左思右想,猛然悟道:"神示我廿一日酉时动工也。"到此时刻,果然海不扬波,潮流尽退。蔡襄率全体民工抢打桥基,很是得心应手,桥基填固了,桥墩也砌成了。这实际是群众经验和智慧的发挥。

☆ 清源山风景区

清源山位于福建省泉州市北郊,包括清源山、九日山、灵山圣墓和西北洋四大景区,面积约50平方千米,1988年被定为

清源山老君岩宋代巨型老子坐像石雕

国家重点风景名胜区。

清源山是闽中戴云山余脉,峰峦起伏,石壁参差,望州亭巨石、罗汉峰等象形岩石遍布全山,自古有"闽海蓬莱第一山"之称。清源山右峰上有弥陀岩,古木参天,巨石峭立,在一座刻有"洞天别观"的元代石室内,供一尊阿弥陀佛石雕像。

清源山上水景丰富,泉、涧、潭、瀑约有135处,区内人文景观数量多且较集中,唐代以来各寺儒、道、佛三教竞相占地造宇。现存有中外驰名的开元寺、紫泽宫道观。

泉州开元寺

☆ 泉州开元寺

位于泉州西街,始建于唐垂拱二年(686年),初名莲花寺,后改为开元寺。开元寺建筑雄伟壮观,其建筑造型之峻美和雕刻之多,是其他寺庙所少有的。开元寺以山门、大雄宝殿为中轴线,殿后依次是甘露戒坛、藏经阁。中轴线西侧有麒麟壁、功协堂、尊胜院等;东侧有小开元寺和檀樾祠。据说大雄宝殿有粗大的石柱100根,故又称百柱殿。石柱的顶上梁架下有24尊飞天乐伎,人身鸟脚,袒胸露臂,如在空中飞翔。视之则如见其舞,如闻其声。大殿前平台束腰石上的人面狮身浮雕,是印度婆罗门教的遗物,后殿的一对青石雕柱,刻有古印度神话故事,具有浓厚的异国情调。

☆ 福州林则徐祠

林则徐祠位于福州市南后街。这是我国近代史上反帝爱国的民族英雄林则徐逝世55周年时,即1905年,由他的子孙筹资修建的。

林则徐,字少穆,福州市人。自幼勤学,清嘉庆年间中进士,为官40余载,历经巡抚、总督等职,为政清廉,忧国忧民。清道光十九年(1839年)任钦差大臣赴广东

福州林则徐祠

林则徐祠内林则徐塑像

查禁鸦片，6月3日林则徐在广州举行震惊中外的虎门销烟，当众烧毁20000多箱鸦片，掀开了中国近代史上反对帝国主义侵略、捍卫民族主权斗争的第一页。他主张抗御外来侵略，但又提倡正常对外贸易，并主持翻译英人的《世界地理大全》，编成《四洲志》。1840年，英国发动鸦片战争，林则徐团结军民打败英军进攻。但由于清廷妥协求和，林则徐竟被革职充军到新疆伊犁。后起用任云贵总督，后因病辞职回籍。1850年，他奉命赴粤，在忧愤之中逝世于广东潮州，后归葬在福州北郊马鞍村的金狮山麓。

林则徐祠堂占地约3000平方米。祠额书"中兴宗衮""左海伟人"，内壁镶嵌"虎门销烟"浮雕。正门作牌楼形，额题"林文忠公祠"。树德堂内祀有林则徐塑像，陈

列禁烟运动史迹。林则徐墓为双重屏墙五层台，拜台供案上有一方横形青石碑牌，上镌56字，分11行书写，读法比较奇特。要先从正中一行读起，再读左边，接读右边，一左一右才能读出通顺的原意。

☆ 武 夷 山

武夷山市位于福建省西北部，崇溪上游。原名崇安，因境内武夷山而得名。1989年撤崇安县，设立武夷山市（县级）。属南平市管辖。武夷山风景名胜区位于武夷山市南部，面积60平方千米，已被列为世界自然遗产，兼有黄山之奇、桂林之秀、西湖之美、泰山之雄，仿佛碧水丹山的天然画卷。同时，武夷山还是一座历史文化名山，自秦汉以来为朝野上下所推崇，被誉为"道南理窟""第十六洞天"，现有虹桥板、架壑船、万年宫等文化古迹。

武夷三十六峰，层峦叠嶂，群峰竞秀。其中最为壮观的大王峰、玉女峰、天游峰，

武夷云海

佳,名冠武夷。

九曲溪随着奇峰盘旋,曲折九转,一曲一个景,一曲一品格,碧水丹山,俨然一幅诗情画意的山水画。一曲大王峰,巍峨威武,不可一世,尽显王者之尊。二曲玉女峰,娇娆绢秀,亭亭玉立,宛如仙子。三曲悬棺高居,千古奇观。四曲大藏峰,横空出世,翠影婆娑。五曲平林渡,苍屏突起,激动人心。六曲老鸦滩,天游峰为最,登高望远,山山水水,一览无余。七曲獭控滩,三仰峰为武夷之巅,身临其境,可窥全貌。八曲芙蓉滩,水天一色,一曲难收。九曲收观,沃野平川,豁然开朗。曲曲如画,摄人魂魄。

武夷山是驰名中外的自然风景区,峰岩峭拔,曲水多姿,为福建第一名山。前人曾用"三三秀水清如玉,六六奇峰翠插天"来勾勒武夷山水的概貌。前者是指盘折山中的九曲溪,后者是说奇峰竞秀的三十六峰。

武夷九曲溪

与九曲溪交相辉映,如前所述。武夷胜景还有山北的天心岩、马头岩、流香涧、燕子峰、水帘洞等,让人眼花缭乱。在九龙窠幽深的峡谷里,有两株被誉为"茶中之王"的大红袍茶树,成茶品优味纯,药效独

武夷山九曲溪一景

☆ 阿里山和日月潭

阿里山和日月潭历来被视为台湾风光的象征。阿里山在台湾南部嘉义县境内,是玉山西峰的一条主要山脉,中心群峰称阿里山,主峰大塔山海拔2663米,这里山势、气候条件特殊,有热带、亚热带和温带三种林带和奇花异卉。山上古木参天,森林茂密,其中有一株树龄3000多年的老红桧,根干直径20多米,树高53米,需12人牵手方能合抱,为世人所罕见,号称"神木"。山上云海素称奇观,天气晴朗时,云层翻涌,千变万化,"塔山云海"和"祝山观日楼"最为著名。三、四月间樱花盛开,山景更加妖媚秀丽。

日月潭由玉山和阿里山涧的断裂盆地积水而成,在南投县鱼池乡,湖周长36千米,是台湾第一大湖。水面海拔740米,最深处为6米。湖中有一座小岛,名珠仔屿,海拔745米,以岛为界,湖的北半部形

阿里山云海

阿里山

位于嘉义县东山,是由大武峦山、尖山、祝山等18座山组成。这里的森林、云海和日出被称为阿里山三大奇观。阿里山的森林面积共有3万多公顷,由于气温的差异,从山下到山顶分别生长着热带、温带和寒带十几种林木,成为阿里山森林的独特之处,其中红桧、扁柏、亚杉、铁杉和姬松被称为著名的"阿里山五木"。

同日轮,南半部形如新月,所以名为日月潭。潭周翠峰环抱,林木葱茏,明月清辉,朝霞暮烟,风光旖旎,环境静谧。这里七月平均气温仅22℃,一月略低于15℃,冬暖夏凉。附近有文武庙、玄光寺、玄奘庙等古建筑。文武庙从山脚到山门,有石阶365级,称"登天路"。玄奘寺内存被日本人从南京天禧寺劫走的部分玄奘遗骨。现下游建成水电工程,水位提高,湖面扩大到7.7平方千米,最深处27米,潭形改变,已看不出日月的轮廓。

日月潭

中南地区

ZHONG NAN DI QU

☆嵩山少林寺

在河南省登封市城西北 12 千米的少室山之阴,有一座千年古刹,这就是少林寺。20 世纪 80 年代初流行一时的武打电影《少林寺》,其故事主要取之于少林寺的历史史实。

少林寺的开山鼻祖,是印度沙门跋陀。495 年,跋陀从古印度跋涉到中国传教,得到虔信佛学的北魏孝文帝的器重。因为跋陀喜欢隐居于幽静之处,孝文帝就派人在少室山之阴的幽谷茂林中,修建了这座寺院。"少林者,少室之林也",因而取名少林寺。527 年,印度僧人菩提达摩,经过三年海上漂泊,到少林寺落迹,广集信徒,传授禅宗,使少林寺僧徒云集,名重一时。隋唐时期,少林寺拥有田地 14000 多

登封少林寺塔林

塔林位于寺西 1 千米的丛林之中,有 250 多座塔,它是少林寺历代主持僧的墓塔,面积 1.4 平方千米,是我国目前现存最大的塔林。这些塔的高度、形式、装饰图案各异,是研究我国砖石建筑和雕刻艺术的宝库。

少林寺

亩，楼台殿阁5000多间，僧众达2000多人，号称"天下第一名刹"。少林寺主体建筑为七进，由山门经天王殿、大雄宝殿、藏经阁、方丈室、达摩亭到千佛殿，面积约3万平方米。少林寺不仅古刹有名，更以武术著称。相传，寺内和尚在隋朝时就开始习武，以练身强体为目的，创出了"形意拳""罗汉十八手"等多路拳术。隋朝末年，十三武僧曾救驾唐王李世民，并得到封赐。明朝嘉靖年间，少林寺月空法师曾带领百名僧兵，去沿海一带平灭倭寇。唐、宋、元、明、清时期，少林僧兵上千，僧将百员，拳术套路达数百计，器械武功也很有名，从而形成少林派。

☆洛阳白马寺

洛阳白马寺是我国第一个佛寺，有"中国第一古刹"之称。它建于东汉明帝

洛阳白马寺

永平十一年，据记载，汉明帝梦见金人头顶放射白光，在殿内飞行，问大臣傅毅是什么原因，傅毅说西方有神名佛，样子就是这样。于是明帝就派博士王遵等18人同往西域求佛法，到月氏国，遇迦叶摩腾、竺法兰。二人受汉使邀请，带经42章，用白马驮回洛阳，明帝在西门外立精舍迎接，这就是白马寺，迦叶摩腾和竺法兰住在这里译经。中国有和尚拜佛的礼节，就从这里开始。

白马寺建筑规模雄伟，现在的布局为明嘉靖时重修，仅存天王殿、大佛殿、大雄殿、接引殿四座大殿。山门东西两侧有迦叶摩腾和竺法兰二僧墓。后院毗卢阁内的断文碑，刻有白马寺的历史，是寺内重要古迹，所传唐经幢、元碑刻都有较高的艺术价值。寺内原来还出土了玉石雕刻的弥勒像，已被盗往美国。各殿内的佛像大多是元代用干漆的方法制成的，特别是大雄宝殿的佛像，是洛阳现存最好的塑像。据记载，魏时白马寺前有大石榴，京师传说："白马甜榴，一石如牛。"葡萄也与其他地方不同，味甜而大如枣，皇帝赏赐宫人，宫人又转赠亲友，得者视为珍品。寺东还有一座金代大定十五年（1175年）造的齐云塔，四周密檐式，13层，外形略呈抛物线状，是洛阳一带现存最早的古建筑。白马寺正门有一对青石圆雕的白马，是宋代所雕。

☆ 大相国寺

开封现在保存较好的主要古迹有大相国寺、龙亭、禹王台等。大相国寺原来是战国时魏公子信陵君的故宅。信陵君是战国四公子之一，"窃符救赵"的故事几乎是家喻户晓的。北齐在这里创建国寺，后毁于兵火。唐睿宗时重建，后赐名大相国寺。宋初全寺分八个大院，面积达545亩。北宋皇帝常在这里祈祷，这里也是一个热闹的交易场所。明清时两次重建，现在的大相国寺是乾隆三十一年修的，规模远不及唐宋，面积只有2公顷。其中值得一看的珍品是八角琉璃殿中的四面千手千眼观音巨像，高7米，是由一棵银杏树整雕而成的，全身贴金，非常精美。另外钟亭里有一口大钟，重5000多千克，高约2.23米。"相国霜钟"是"汴京八景"之一。

开封相国寺

铁 塔

原名开宝寺塔，是宋代著名佛寺。开宝寺为供奉阿育王佛舍利而建立的，原为木塔，名福胜塔。1044年被雷火焚毁，1049年又以琉璃重建此塔。铁塔不仅历史悠久，而且以

开封铁塔

卓越的建筑艺术名闻中外。铁塔系楼阁式建筑，层层建有明窗，建塔所用的砖有20多种，规格各异，有榫有眼，砌成塔身，恰到好处，坚固美观。铁塔外面的铁色琉璃砖，砖面花纹图案达50余种，其中有波涛祥云、飞天、仙姑、坐佛、菩萨、伎乐、僧人、麒麟、狮子、花卉等，每块琉璃砖都是艺术品。

相国寺千手千眼佛

☆开封龙亭

位于开封西北隅。这一带原为宋、金故宫遗址。明代初年，太祖朱元璋的儿子周王在此修建了周王府。清康熙三十一年（1692年），在周王府遗址的煤山上修筑万寿宫，亭内陈设有皇帝万岁碑，作为地方官吏节日朝贺之处，故名龙亭。

现在的龙亭，保留了清代的建筑格局，是一座雄伟的宫殿。龙亭大殿系重檐歇山式高台建筑，矗立在有72石级的高台之上。宽大的石阶上，中间雕龙精巧，还有几个传说的"马蹄印"，讹传为宋太祖赵匡胤骑马上金殿留下的遗迹。

龙亭前有潘、杨二湖，东湖水浊，相传为潘仁美府址；西湖清澈，相传是杨家将府址。金碧辉煌的殿宇，清波荡漾的潘杨二湖和精雅的园林，使龙亭成为开封最大的一处公园。登龙亭而凭栏临风，市容如画，水光亭影，游艇点点，令人心旷神怡。

开封龙亭

127

☆嵖岈山

嵖岈山风景区地处河南省遂平县境内，因山势嵯峨、怪石林立而得名，又名石猴仙山、嵯峨山、玲珑山，素有"天下第一奇山""中原盆景"和"北方石林"之美称，总面积50多平方千米。嵖岈山是一个花岗岩造型奇特的地貌区，由蜜蜡山、南山、北山、六蜂山、花果山和天磨山等彼此相连的山峰组成。秀蜜湖、琵琶湖、百花湖、天磨湖点缀其间，构成了一幅奇特秀丽的风光画卷。

蜜蜡峰是一座石奇壁峭、绝崖耸崎、陡不可攀的山峰。它是一块完整的石体，海拔400多米，在全国也绝无仅有。由于地壳运动，形成北东向的嵖岈山张扭性断裂与东西向的蜜蜡峰断裂，而蜜蜡峰恰恰处在两断裂交汇处的上升盘部位。新生代的地壳构造运动，使嵖岈山断裂的北盘

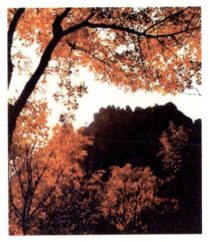

嵖岈山风景

和蜜蜡峰断裂的东盘不断地相对下降，而处在两断裂交汇部位的上升盘不断的相对上升，加之花岗岩体长期球状风化，最终形成高耸挺拔、陡不可攀的圆柱形山峰。峰巅之背阴处，每逢雨季，常有风化裂隙水，沿裂隙呈线状流下，恰似蜂蜜涂壁，故名蜜蜡峰。

☆石人山

石人山风景名胜区位于河南省平顶山市鲁山县西，地处伏牛山东段。主峰玉皇顶（蛤蟆石）海拔2153.1米。石人山古称尧山、大龙山，是尧的裔孙刘累立尧祠纪念先祖的地方，为天下刘姓发源地，又因山上众多石峰酷似人形，后史称之为石人

嵖岈山风景

石人山

垛、石人山。石人山山峰奇特，瀑布众多，森林茂密，温泉优良，人文景观辉煌，集"雄、险、秀、奇、幽"于一体。战国时，伟大思想家、社会活动家墨翟降世于尧山脚下，现有墨子故里遗址。

石人山风景名胜区总面积268平方千米，现已命名的景观有240多处，60～200米高的瀑布17处，200～300米高的石柱40多处，石人、将军石、千丈岩、姐妹峰、白牛城、王母桥、通天河、鬼门关、南天门、报晓峰等景点遍布景区。石人山地处亚热带与暖湿带分界线上，动植物资源十分丰富。石人山四季风光别致，春天鸟语花香，秋日满山红遍，冬季银装素裹。初夏时节使人领略"人间四月芳菲尽，山寺桃花始盛开"的清新景象。

☆ 云 台 山

位于河南省焦作市的修武县境内，是首批世界地质公园和国家重点风景名胜区。景区面积190平方千米，含泉瀑峡、潭瀑峡、红石峡、子房湖、万善寺、叠彩洞、青龙峡、峰林峡等11大景点。落差314米的全国最高大瀑布——云台天瀑，犹如擎天玉柱，蔚为壮观。

满山覆盖的原始森林，深邃幽静的沟谷溪潭，千姿百态的飞瀑流泉，如诗如画的奇峰异石，构成了云台山独特完美的自然景观。云台山以山称奇，整个景区奇峰秀岭连绵不断，主峰茱萸峰海拔1308米，踏千阶的云梯栈道登上茱萸峰顶，北望太行深处，巍巍群山层峦叠嶂；南望怀川平原，沃野千里，黄河如带，不禁使人心旷神怡。

云台山以水叫绝，素有"三步一泉，五步一瀑，十步一潭"之称。天门瀑、白龙潭、黄龙瀑飞流直下，形成了云台山独有的瀑布景观。多孔泉、珍珠泉、王烈泉、明月泉清冽甘甜，让人流连忘返。青龙峡景点有"中原第一峡谷"美誉，气候独特，水源丰富，植被原始完整，是旅游的好去处。

云台山

☆ 武汉黄鹤楼

黄鹤楼是武汉市的标志和象征,矗立在武昌蛇山之上。黄鹤楼与湖南岳阳楼、南昌滕王阁并称为江南三大名楼。相传此楼为三国吴黄武年间创建,各代屡毁屡修,以致"楼之兴废,更莫能纪",仅清代就重修四次。现在的黄鹤楼为1981年重建。关于黄鹤楼的来历,有多种说法。有的说是仙人王子要乘鹤由此经过,有的说是三国蜀丞相登仙驾鹤返憩于此,不过流传最广的是说此楼原名辛氏楼。相传辛氏在此卖酒,有一穷道士常来饮酒,辛不要酒资。有一日道士临别,取橘皮在壁上画一黄鹤说:"酒客至拍手,鹤即下飞舞",辛氏因此致富。越十年,道士来,取笛鸣奏,黄鹤下壁,道士跨鹤直上云天。辛氏便在此建楼,称辛氏楼,后人改叫黄鹤楼。秀丽的风光和美妙的传说,吸引了历代文人雅士来此赋诗吟咏。尤其以唐代诗人崔颢的《黄鹤楼》诗最为著名:"昔人已乘黄鹤去,此地空余

武汉长桥大桥

横跨于武昌蛇山和汉阳龟山之间。是我国在万里长江上修建的第一座铁路、公路两用桥。1955年9月1日兴建,1957年10月13日全部建成通车。全桥总长1670米。从基底至公路面高80米,下层为铁路桥,宽14.5米,两列火车可同时对开。桥身为三联连续桥梁,每联三孔,共八墩九孔。每孔跨度128米,终年巨轮航行无阻。附属建筑和各种装饰,均极协调精美,整个大桥异常雄伟瑰丽。

黄鹤楼

黄鹤楼。黄鹤一去不复返,白云千载空悠悠。晴川历历汉阳树,芳草萋萋鹦鹉洲。日暮乡关何处是?烟波江上使人愁。"短短八句,将黄鹤楼的历史典故、风情景物及诗人的感慨抒写净尽。难怪传说后来大诗人李白登黄鹤楼,看见崔诗之后,放弃了本欲赋诗的念头,说:"眼前有景道不得,崔颢题诗在上头。"李白见崔诗而搁笔的事一传出,黄鹤楼更名噪天下。历代诗人留下的吟唱,竟达数百首。

☆ 长江三峡

长江,我国的第一大河,全长6300余千米。它流经四川盆地东缘时冲开崇山峻岭,夺路奔流,形成了壮丽雄奇、举世无双的大峡谷——长江三峡。

长江三峡,中国十大风景名胜之一,中国四十佳旅游景观之首。长江三峡西起

三峡大坝修建之前的瞿塘峡

重庆奉节的白帝城,东到湖北宜昌的南津关,是瞿塘峡、巫峡和西陵峡三段峡谷的总称,是长江上最为奇秀壮丽的山水画廊,全长192千米,也就是常说的"大三峡"。除此之外还有大宁河的"小三峡"和马渡河的"小小三峡"。

三峡两岸是崇山峻岭和悬崖绝壁,风光奇绝。陡峭连绵的山峰,一般高出江面700~800米左右。江面最狭处有100米左右。随着规模巨大的三峡工程的兴建,这里更成了世界知名的旅游热线。

三峡旅游区优美景区众多,其中最著名的有丰都鬼城、忠县石宝寨、云阳张飞庙、瞿塘峡、巫峡、西陵峡、宏伟的三峡工程、大宁河小三峡等。

三峡水利枢纽位于西陵峡中段的湖北省宜昌市境内的三斗坪,距下游的葛洲坝水利枢纽38千米,是综合治理与开发长江的关键性工程。整个工程包括一座混凝重力式大坝、泄水闸、一座堤后式水电站、一座永久性通航船闸和一架升船机。图为三峡大坝。

三峡水利枢纽工程

☆武当山

武当山又名太和山，在湖北均县境内，是我国道教第一名山。方圆400千米，有72峰、24涧、11洞、3潭、9泉、10池、9井、9台等风景名胜。据传从周汉以来，就有著名道家和道士在此居住和修炼，如周代的尹喜，汉代的阴长生，唐代的吕洞宾，五代的陈抟，等等。唐太宗贞观年间，均州刺史姚简在灵应峰创建五龙祠。此后历代都在这里兴建道教寺观。元代全真道兴盛，武当山的神仙宫观也随之增多。元成宗大德十一年（1307年），还在天柱峰顶建造了武当最早的金殿。嘉靖皇帝迷信道教，再加扩建，形成了五里一庵、十里一宫的宏伟规模。现在武当山基本上还保持着

武当山紫霄宫

明代初年形成的建筑体系。

武当山供奉的神仙主要是真武帝君。道教经籍上说，他本是古代净乐国王的太子，在武当山上修炼成仙，是威镇北方的大神。山上的许多建筑和神像都是为附会他成仙的经历而造的。例如磨针井，在进入武当山神道的第一重大门"玄岳门"内约10千米处，是一座小巧玲珑的道院。传说净乐国太子入山学道时，心志不坚，想下山还俗，走到这里，看见一个老母在井边磨铁杵，便问磨杵作什么用？老妇回答说："铁杵磨成针，功到自然成。"太子感悟，又入山苦修，历42年最后得成正果。南岩是武当山三十六岩中风景最美的，岩南有一座孤峰，像飞鸟的翅膀，上有梳妆台、飞升台等遗迹，据说就是真武飞升成仙的山峰。

武当山上最著名的古迹是天柱峰上的金殿。元代所造的金殿，在永乐时被移到天柱峰侧的小莲峰上。永乐十四年，在天柱峰顶另造了一座更加精美壮丽的金殿，一直保存至今。这座金殿坐西朝东，高5.54米、宽5.8米，进深4.2米。共三间，全为铜铸鎏金，屋瓦、斗拱、檐柱、门窗等均以铜铸构件卯榫拼焊而成，连接精密，看不出分件铸凿的痕迹。外面鎏赤金，玲珑剔透。屋顶为重檐庑殿式，垂脊上各立一组六件铜铸鎏金仙人神兽。金殿西南角柱上方外侧还嵌有一块黄澄澄的金块，传

说是当年修造此殿时剩下的一块黄金，已被游人摸得晶亮。

金顶

　　在武当山天柱峰顶端。建于1416年。全为铜铸鎏金，仿木构建筑，重檐叠脊，翼角飞举，脊饰仙人禽兽，形象生动逼真。殿体为分件铸造，结构严谨，连接精密，毫无铸凿之痕。经500余年风霜雨雪侵袭，至今仍金碧绚烂，宏丽如初，实为我国古代建筑和铸造工艺中的一颗灿烂明珠。

☆ 南岳衡山

　　衡山在湖南中部，大小山峰72座，以祝融、天柱、芙蓉、紫盖、石廪五峰最著名。最高峰祝融峰海拔1300米。其他重要山峰也在海拔1000米以上。相传舜帝南巡和大禹治水都到过这里，历代帝王也在这里举行过祭祀大典，文物古迹很多。南岳大庙是五岳中规模最大、总体布局最完整的古建筑群之一，与泰安岱庙、登封中岳庙并称于世。

　　南岳有四绝。一是祝融峰之高：传说上古祝融氏葬在这里，祝融是神话传说中

的火神。祝融峰平时云雾缭绕，很难看见峰顶。从南岳镇望去，最高处是南天门。

　　二是藏经殿之秀：藏经殿在衡山赤帝峰下，相传为南朝陈代僧人慧思所建。明太祖朱元璋曾送此殿一部大藏经，所以名藏经殿。现经卷已散失。殿堂附近古木参天，奇花遍地，风景秀丽，所以被称为南岳四绝之一。

　　三是方广寺之深：方广寺在衡山莲花峰下。此寺所处环境幽深，附近有涧潭、泉水和林石。俗语说："不游方广，不知南岳之深。"所以也称一绝。

　　四是水帘洞之奇：水帘洞在紫盖峰下，水源来自峰顶，流经山涧，汇入石池，水满溢出，垂直下倾，高20多丈，每年春夏之交，水势最盛。水帘洞周围古代题刻很多，有李商隐所写的"南岳第一泉"等。

云雾中的衡山

青少年百科丛书

衡山水帘洞

☆长沙岳麓山

岳麓山在湖南长沙市湘江西岸。古人将其列入南岳72峰之一。南北朝刘宋时《南岳记》载："南岳周围八百里，回雁为首，岳麓为足。"因其为南岳之足，故称之岳麓。

岳麓山总面积8平方千米，最高峰海拔也只有290多米，但却碧嶂屏开，秀如琢玉，层峦耸翠，山涧幽深，更兼与湘江山水相依，历来为人们所珍重。自西汉以来，名人雅士在此留下了许多遗迹。至今仍有爱

衡岳庙始建于唐开元十三年，宋元明历代扩建，明末毁于战火。清朝重建后又毁，现庙为光绪八年所建。内有正殿、奎星阁、忠靖王殿、关圣殿、观音阁等建筑。正殿为重檐歇山顶，高22米，正面七间，规模宏敞。柱头施如意斗拱，檐下雕镂人物故事，均为木雕，极其精美。其中嘉应门、御碑亭和寝宫等建筑，尚保存有宋明时代的构件。殿内外用石柱72根，象征南岳72峰。红墙黄瓦，金碧辉煌，与《衡岳》诗所说粉墙丹柱已不一样。但周围松柏参天，仍很幽雅。

岳麓书院

岳麓书院

"千年学府"岳麓书院位于长沙岳麓山东面山下，是中国宋代四大书院之一，还是其中办学一直延续至今的唯一的一所高等学府，历经千载，弦歌不断，培育了一代又一代的经世济民的人才。它始建于宋太祖开宝九年（976年）。南宋时，著名的理学家、教育家朱熹来此主持讲学，学生达千余人，当时有"潇湘洙泗"的美誉。潇湘、洙泗并称，将朱、张讲学之处比喻成孔子讲学之地，可以想见那时岳麓书院的声望和盛况，这是岳麓书院的全盛时期。

134

晚亭、岳麓书院、麓山寺、望湘亭、唐李邕麓山寺碑和宋刻禹王碑等古迹。爱晚亭原名红叶亭，也称爱枫亭。亭在岳麓山岳麓书院后清风峡的小山上，四周皆枫林，春时青翠，深秋时枫叶红艳，别有佳趣。爱晚亭是清乾隆五十七年（1792年）岳麓书院山长罗典修建的，并亲自撰联一副："山径晚红舒，五百天桃新种得；峡云深翠滴，一双驯鹤待笼来。"因取唐杜牧"停车坐爱枫林晚，霜叶红于二月花"诗意，而命名为爱晚亭。1952年亭又经修葺，朱栏藻井，焕然一新，毛泽东题有"爱晚亭"额。在岳麓山半腰有麓山寺，始建于晋泰始四年（268年），殿宇宏伟，被誉为"汉魏最初名胜，湖湘第一道场"。可惜大部分建筑毁于战火，唯存一栋藏经阁。寺后古树环抱之中有泉从石隙中流出，冬夏不涸，清冽甘甜。相传曾有一双白鹤飞来，止息于泉水之上，倩影倒映，使水味甘冽，故而称之白鹤泉。泉边有碑刻题跋与诗句，记载着白鹤泉的历史和趣闻。

☆ 洞 庭 湖

洞庭湖在湖南省北部，北连长江，南接湘、资、沅、澧四水，面积2820平方千米，号称"八百里洞庭"，是我国第二大淡水湖。唐代诗人孟浩然《望洞庭湖赠张丞相》诗说："八月湖水平，涵虚混太清。气蒸云梦泽，波撼岳阳城。"形容洞庭湖在秋

岳阳团湖莲花荡

团湖

又名莲湖，在岳阳市君山区境内，距市区20多千米，水面约200公顷，原是洞庭湖的一个港汊，后因四周泥沙淤积，才与洞庭湖隔开来，有"千亩荷花荡"的美誉。每年夏秋季节，荷叶田田，莲花盛开，阵阵荷香沁人心脾。每年的6～10月，是游团湖的最好季节。

水大涨时，波平水满、涵容天宇的壮观景象，历来传为咏洞庭的名句。

自古以来，洞庭湖一带就流传着关于舜和潇湘二妃的故事。传说虞舜继承尧的帝位后，巡行南方，死在苍梧，葬于九嶷山。他的妃子娥皇、女英为此痛哭，泪水把湘水边的竹子都染成斑斑点点，后人称这种竹子为"湘妃竹"。又传说娥皇、女英死后化为湘水之神。屈原所作《九歌》中有《湘君》《湘夫人》篇，《湘夫人》开头说："帝子降兮北渚，目眇眇兮愁予。袅袅兮秋风，洞庭波兮木叶下。"这四句诗可视为咏洞庭秋色的绝唱。现湖南省宁远县东南舜源峰下有舜陵，以及明代所建舜庙遗址，庙

洞庭湖夕照

☆岳阳楼

岳阳市西门的岳阳楼,矗立在洞庭湖畔,是江南最著名的楼阁之一,与武昌黄鹤楼、南昌滕王阁并称为江南三大名楼。历来有"洞庭天下水,岳阳天下楼"的盛誉。这里在东汉建安年间,原是屯兵储粮的驿站。刘备和孙权在赤壁大战后夺得荆州,鲁肃便率万人驻守巴丘,扩建城池,在西门城墙上建阅兵台,名阅军楼。盛唐宰相张说驻守岳州,将楼台大加修葺,正式定名为"岳阳楼"。杜甫晚年漂泊湖湘,在临死前二年(大历三年),来到此地,作了一首《登岳阳楼》诗。北宋庆历四年(1044年),谪守巴陵郡的滕子京,又重新修葺岳阳楼,并请当时主张政治革新的大臣范仲淹写了一篇《岳阳楼记》。文中抒写了"先天下之忧而忧,后天下之乐而乐"的情怀,是这篇《岳阳楼记》能传诵千古的主要原因。岳阳楼也因这篇文章而更加出名。

前二峰即名娥皇、女英。洞庭湖中的君山上,有二妃墓。传说娥皇、女英是尧帝之女,嫁给舜后,因舜久出不归,便来君山寻找,听说舜死在苍梧,也因悲痛过度死在君山,葬在此地。墓前镌有"虞帝二妃之墓"碑。

君山是洞庭湖中的山岛,四面环水,有大小72个山峰。李白《游洞庭》五首说:"洞庭西望楚江分,水尽南天不见云,日落长沙秋色远,不知何处吊湘君。""南湖秋水夜无烟,耐可乘流直上天。且就洞庭赊月色,将船买酒白云边。""帝子潇湘去不还,空余秋草洞庭间。淡扫明湖开玉镜,丹青画出是君山。"都是借二妃葬于君山的典故描绘这里湖光山色的秀美和明净。

岳阳楼

岳阳楼共二层，重檐飞式屋顶，上盖绿色琉璃瓦，各层飞角有龙凤琉璃饰件。主楼平面宽17.24米，深14.54米。楼高19.72米。四面环绕明廊，腰檐设有"平座"，可供游人登临远眺湖水。从楼底到楼顶，仅用四根楠木柱支撑全部重量。飞檐和屋顶用伞形架传载负荷，下托类似北方建筑中用的如意斗拱。据明代万历年间王圻所著《三才图绘》说，古代的岳阳楼是十字平面，四面突轩。明以后便改成二层三檐。现在的岳阳楼为清光绪三年（1880年）重建，构架重新换过，主楼建在原来的楼基之后。北边建"三醉亭"，传说吕洞宾曾三醉岳阳楼，因而得名。南边为"仙梅亭"，据说明崇祯年间修楼时曾挖出一块石板，上面花纹酷似枯梅，当时人以为是仙迹。现有仿雕石板嵌在亭中。岳阳楼内还有清著名书法家张照所写的《岳阳楼记》石雕屏。

天子山

在桑植县城东40千米处。风景区面积约14万亩，与张家界、索溪峪相连，同属武陵源区。这里奇峰连绵，怪石嶙峋，林木茂密，引人入胜。主要游览区有黄龙泉、茶盘塔、老屋场、凤栖山、石家檐等。1979年天子山被划为风景自然保护区。当地政府设置管理机构，增设服务设施，接待国内外游客。天子山是武陵源风景名胜区主要组成部分。

☆ 武 陵 源

位于湖南省西北部，总面积约500平方千米，由位于张家界市的张家界森林公园、慈利县的索溪峪自然保护区和桑植县的天子山自然保护区组成。其中张家界森林公园包括黄石寨、金鞭溪、腰子寨、沙刀沟、琵琶溪五大景区，以罕见的砂岩峰林峡谷地貌为主，兼有流泉飞瀑、奇峰秀谷。索溪峪共有200多个景点，西有西海、天然植物园、十里画廊，南有百丈峡、宝峰湖、别有洞天，东有地下溶洞、一线天、白虎堂，北有黄龙洞。天子山峰林耸立，云雾缭绕，现辟有黄龙泉、凤栖山、茶盘场、老屋场、石家檐等主要景区。

黄龙洞

位于桑植县城东40千米处，天子山风景区内，著名的将军崖边。将军崖为一独立石峰，传说为土家族起义首领向大坤之化身，被称为"石柱之王"。崖间有一隙，洞口有涌泉喷出，并飞流而下，形成瀑布。因泉水呈黄色，泉水喷涌似黄龙游动，故而得名。附近还有茶盘塔、凤栖山、老屋场、天梯等游览点。

宝峰湖

☆ "羊城" 的由来

广州称为"羊城"，有一个美丽的传说。

相传，在很久很久以前，有五位身着不同颜色服装的人，骑着不同毛色的五只羊，带着每茎有六穗的谷种，来到珠江边。他们把带来的谷种分给勤劳的当地人，让他们播种、收获。结果，谷子年年丰收，人口越来越多，一派人丁兴旺的景象。逐渐地，珠江三角洲这个地方形成了一个人口稠密的城镇，即今天的广州城。为了纪念骑着五只羊来此的人，人们便把这座城镇叫做"五羊城"。后来，改为广州市。

今天，我们仍然能在广州的越秀山上看到那五头石羊呢，中间的一只公羊，口衔谷穗，昂首天外。不过，这不是仙人的五只羊变的，而是艺术家的杰作。

张家界大峰林奇观

广州五羊雕塑

☆七星岩和鼎湖山

星湖风景区位于肇庆市北部,包括七星岩和鼎湖山两大景区,是国家级著名风景区,面积10平方千米,其中湖面6平方千米。因由排列如北斗星的七座石灰岩与湖组成而名。景区有"七岩""八洞""五湖""六岗"。阆风岩是登山游览的胜处,岩洞以石室洞为最大,高30多米,洞内终年积水,可驾舟环游,观赏岩壁千姿百态的钟乳石。碧霞洞则是最美最长的旱洞,180多米长的洞中岩溶景观奇特。景区现存唐代以来的摩崖石刻400多幅,有"千年诗廊"之称,还有各类古建筑和仿古建筑,如唐代石洞古庙、明代水月宫、玉皇殿,民国时的南华亭、牌坊等,皆是胜迹,不可不游。位于星湖景区内的七星岩牌坊文化广场,面积近3万平方米,傍湖临街,广场建有一个5000多个喷头的大型音乐喷泉,每天晚上时喷射出五彩水花。还建有露天舞池和溜冰场,每晚供市民免费游乐。

☆海南三亚

三亚市位于海南岛最南端,是我国自然风景优美的城市之一。三亚多曲折港湾、沙滩、海岛和热带原始森林,气候冬暖夏凉。银沙碧海与绿水青山相辉映,椰子树、油棕树点缀城镇,构成了一幅迷人的南国椰岛风光图。

优美的三亚,有许多风景名胜。但最著名的还是天涯海角和鹿回头两处景点。

天涯海角在三亚市西24千米。面向大海,背靠群山,山脚向海里伸展,巨大的岩石斜峙海边,周围乱石

七星岩

棋布，为古代往返崖州必经之路。过去因这里山道崎岖险狭，要下马徒步才能过岭，故称为下马岭。古时候，因为这里海滨巨石峥嵘，雪流滔滔，海天一色，一望无际，人们便以为这里是海岛陆地的尽头，常常用天涯、海角的字眼比喻此地，并在这里的巨石上，留下了"海角""天涯""南天一柱"等题刻。

鹿回头在三亚市南5千米。是珊瑚礁上的一座山岭，从东北向西南延伸，然后折向西北，貌似一只金鹿站立海边回头观望。传说很久以前，五指山上有位勤劳勇敢的黎族青年猎手，发现了一只美丽的花鹿，就在后面紧追不舍。追了九天九夜，翻过了99座山，一直追到三亚湾边的珊瑚崖上，花鹿走投无路。猎手搭箭弯弓，准备射鹿。突然，花鹿变成了一位美丽的姑娘，饱含深情的泪花，回眸凝望。猎人放下弓箭，把姑娘带回家里，过着男耕女织的美满生活。因为岭是花鹿的化身，人们就根据传说，给这里起名鹿回头。

三亚大东海

☆桂林山水

广西桂林是一座具有2000多年历史的文化古城，是一个誉满中外的山水城市。唐朝时杜甫说"宜人独桂林"，宋代时范成大称"桂山之奇，宜为天下第一"，随后李曾伯直书"桂林山川甲天下"，至前清时，金武祥定论"桂林山水甲天下"。从此，沿称下来。

桂林之美，美在碧莲玉笋般的万点尖山，美在如情如梦的一江清水，美在幽深神奇的洞穴。桂林之山与三山五岳不同，既不险峻高耸几千米，也不蜿蜒磅礴几百里。这里的山，平地崛起，奇中见秀。桂林市区200多座石峰，平均相对高度不过70多米，甚至被誉为"南天一柱"的独秀峰也仅高60米。而这些石峰皆耸立于平原之中，却陡峭如塔，万象森罗。所以人们常用"天外奇峰排玉笋""万笏千笋平空铺"的诗句来形容桂林

三亚天涯海角

桂林漓江

的山峰。这正是岩溶峰林的本质特征,其历史可以追溯到几千万年以前。海陆变迁之后,使这里沉积下厚厚的石灰岩,后在地壳构造运动中被挤成裂隙,以致破碎。温暖的气候和充沛的雨量,使地表植被非常茂盛。大量含有二氧化碳的雨水进入石灰岩中,石灰岩被溶解侵蚀和冲刷下切,形成了今天的奇峰异洞。而漓江源头植被茂盛,江水泥沙含量极少,进入桂林纯石灰岩地区后,水更加清澈。因此,碧水萦回,游鱼可数。江作青罗带,山如碧玉簪。桂林

桂林地貌

山水是岩石、气温、雨量、水源、植被共同协力创造的。

☆ 桂林象鼻山

桂林的山,多平地拔起,或孤峰兀立,或峰丛连座,或峰林簇拥,姿态各异,变化万端。更有惟妙惟肖的老人山、象鼻山、

独秀峰

　　位于市中心的古王城堡,孤峰平地拔起,巍然屹立,陡峭高峻,气势雄伟,与叠彩、伏波二山鼎立于市区。从侧面看,峭拔挺秀。在晚霞与朝阳的辉映下,好像是披紫袍金带的王者,故别名紫金山。西麓有曲径通顶,其间有"昆仑柱立""螺蟺穿云"等题刻。东麓有著名的读书岩,北麓还有一廉泉。

骆驼山、骑马山、芙蓉山、斗鸡山、净瓶山、书画山、月亮山等,都极为逼真,可谓"千仪万态看不足,但凭摹似每每同"。

　　象鼻山位于桂林市区滨江路南端阳江和漓江的汇流处。它像一头大象,站在漓江边伸长鼻子吸饮江水。水上有象眼

岩,岩口扁长,左右对穿;山下有著名的水月洞,它是象鼻子和象身之间的一个溜圆大洞,洞中江水贯流,丰水期可通小船。每当明月之夜,看水月洞倒影,酷似皎月浮江,景色奇绝。宋代蓟北处有诗赞道:"水底有明月,水上明月浮。水流月不去,月去水还流。"

象鼻山,原称漓山,因"在漓水之阳"而得名。唐朝时的官员以其音与陕西临潼的骊山相同,曾改称仪山、沉水山。但当地老百姓还是喜欢它的形似大象,而称为象山、象鼻山。明代孔镛咏此山:"象鼻分明饮玉河,西风一吸水应波。青山自是饶奇骨,白日相看不厌多。"大旅行家徐霞客是这样描写的:"插江之涯,下跨于水,上属于山,中垂外掀,有卷鼻之势,象鼻之称又以此。"

象鼻山不仅是风景名胜之处,也是古时兵家必争之地。明朝将领朱亮祖攻取桂林时,曾在此屯兵。太平军也曾在山上驾炮轰城。

桂林象鼻山

西南地区

XI NAN DI QU

☆峨眉山

"蜀国多仙山,峨眉邈难匹",这是唐代大诗人李白对峨眉山的赞誉。峨眉山位于成都南面160千米的峨眉县境内,总面积300多平方千米,是大峨、二峨、三峨三山的总称。大峨、二峨两山相对,远望如峨眉,故而得名。

峨眉山是我国佛教四大名山之一。传说,东汉明帝时,有一天,有位名叫蒲公的隐士正在山上采药,忽然见一位放金光者坐骑白象,从空中飞驰而过,遂跟踪到顶峰,却又渺无人迹。后来,蒲公被告知这是普贤菩萨显现金身。蒲公便舍宅为庙,供奉普贤,以后峨眉山就成了普贤道场。普贤是佛教四大菩萨之一,为释迦佛的右胁侍。佛教说他专管"理德",表"大行",他的职责是将佛门推崇的"善",普及到一切地方。峨眉山至今尚存庙宇80多座,供的第一尊菩萨就是普贤,最早的寺庙是普贤寺。

在峨眉山众寺庙中,万年寺名气最大。寺内供奉着通

峨眉山金顶云海

高7.3米,重达62000千克的普贤骑象铜像。始建时称白水寺,后改为圣寿万年寺。

明万历皇帝的母亲慈圣太后信佛,她年轻时,为博得穆宗的宠幸,曾向峨眉山普贤许愿,若生下太子,定为菩萨建殿穿金。不久,果然生下太子朱翊钧,她便向峨眉山寺庙赐金赠经。朱翊钧登上帝王宝座后,也不忘这段渊源。万历二十七年,万历皇帝朱翊钧为庆祝母亲寿辰,便敕书白水寺,建高大无

峨眉佛光

梁砖殿,将普贤瑞像保护起来。于是,僧人按天圆地方的古老学说,设计了这个上圆下方、顶状穹窿、砖拱结构的无梁殿。万历皇帝又赐额为"圣寿万年寺",以祝母亲圣寿万年。万年寺从此沿称下来。

峨眉山顶峰叫金顶,海拔3077米。这里是观日出、云海和佛光、圣灯的宝地。佛光是指每当雨雪初霁,风静云平,夕阳的余晖斜射在金顶舍身岩的云层上,就会衍射而成一个七色光环。游人看光环时,可见镜中暗影与观者影形一样。人动影随,交映成趣。但每个人只能看见自己的身影,不能看见他人身影。所谓圣灯,也是一种自然现象。黑夜里,金顶舍身岩下可忽见一光如豆,继而数点如萤,渐次成百上千,时聚时散,如灯光万家,这实际上是一种磷的亚稳定发光物质,白天受到太阳光的激发,促使原子运动,在夜晚发出绿色的光来。

☆ 乐山大佛

"山是一尊佛,佛是一座山。"乐山大佛位于乐山市东凌云山麓,依山临水。大佛通高71米,肩宽28米,耳长7米,鼻长5.6米,仅脚背上就可围坐100多人。这是迄今世界上最大的石刻佛像。

乐山是四川比较早的佛教圣地。唐代时乐山凌云九峰,峰峰皆有寺庙。乐山大佛是凌云山上凌云寺的海通和尚发起建造的。凌云山坐落在青衣江和岷江交汇处,江水湍急,常常覆舟殁人。海通和尚目睹惨状,决定凿佛镇妖,消除水患。他栉风沐雨,历尽艰辛,化缘20年,才筹得一笔可观的经费。佛像未建,却有郡吏来敲诈海通积聚的银钱,海通怒道:"自目可剜,佛财难得!"郡吏威胁说:"尝试将来。"海通当即"自抉其目,捧盘致之。"不久,没等大佛凿成,海通和尚就故去了。后来,剑南川西节度使韦皋,征集工匠,继续开凿,朝廷也诏赐盐麻税款资助。这样,唐玄宗开元初年(713年)开始开凿的乐山

乐山大佛"之"字栈道

大佛,历经90年,至唐贞元十九年(803年)才告完工。大佛凿成后,曾建有13层楼阁覆盖,并彩绘全楼,后毁于战火。

乐山弥勒大佛雍容肃穆,和一般寺庙里的袒腹大笑的弥勒佛不一样。佛经说,释迦牟尼生前预言,他死57亿多年后,有弥勒佛下降人世,继承他的佛位。而到五代后梁时期,浙江奉化有个叫契此的大肚和尚,自称弥勒转世,佛徒竟信以为真。所以五代后的弥勒佛都是笑模笑样的,都是以契此和尚的形象为蓝本的。而乐山大佛早在唐朝时就完工了,所以神情和其他佛一样,端庄慈祥,比较庄严。

乐山大佛佛脚

☆大足石刻

位于重庆市西北大足县境内,始刻于唐景福元年(892年),至明清时仍有一些零星雕刻,是中国晚期石窟艺术的优秀代表作品。这里共有石刻造像10万多尊,分布于70多处。石刻比较集中,保存较好,

大足宝顶山第22号明王头像

雕凿最为精美的是北山和宝顶山。

北山有长达500米的石窟群造像,共有7000多尊。石刻集中的地方叫佛湾,长约250米,在悬崖上布满龛窟,个个栩栩如生,使人惊叹不已。其中"心神东窟"和"孔雀明王"堪称上乘珍品。北山石刻是晚唐风格,宝顶石刻则是浑厚流畅的宋代格调。宝顶山以大佛湾规模最大,长约500米,岩面高15~30米的石刻长廊,与绿树簇拥的万岁楼相互掩映。

大足宝顶山第17号吹笛女石刻

☆黄果树瀑布

驰名中外的黄果树大瀑布,位于贵州省安顺地区的镇宁和关岭两个布依族自治县交界处的白水河上。黄果树瀑布宽80多米,落差67米,瀑脚犀牛潭深17米。是全国重点风景名胜保护区之一。

黄果树瀑布,古称白水河瀑布。因河水急流汹涌,穿行于崇山峻岭中如素练铺陈,故称白水河。后来,人们在白水河上发现了更多的瀑布群,为了区别,就因黄果树瀑布右岸有一被当地人称为黄桷树的参天古榕,就称此为黄桷树瀑布。而当地土语中"桷"与"果"谐音,久而久之,人们就逐渐称为黄果树瀑布。

黄果树瀑布直泻犀牛潭,击起团团云雾,水丝,随风弥漫。晴日当空,道道彩虹,

织金洞

景区位于织金县境内,总面积307平方千米,分为织金洞、织金古城、碧云湖、东风湖四大景区。其中织金洞为典型的溶洞景观,全长12.1千米,洞内总面积70平方千米,洞内沉积物类别众多,有银雨树、霸王盔、百尺垂帘等景观。织金古城始建于明洪武十五年(1382年),城内有清泉71处,庵、堂、庙、寺50余处,著名的有财神庙和宝安寺。

璀灿炫耀。毗邻瀑布的黄果树街上,常常是丽日细雨,构成了"银雨洒金街"的奇景。而背街临崖古树丛中的古建筑龙王庙,更是经常处于云气雾雨中,蔚为壮观。

黄果树瀑布

☆路南石林

路南石林在云南路南彝族自治区内，有一片面积为40余万亩的石林，形成于古生代，是典型的岩溶地貌。这里有石灰岩形成的石峰、石柱、石笋、石芽、石钟乳、溶蚀洼地、地下河流和地下溶洞。石峰石柱的相对高度从几米到三四十米不等，处处是奇峰异石，怪山名泉，在明代已成名胜，并见于记载。

石林中有三处重要的风景点。一是大石林。这里有一个剑峰池，水源来自地下暗河，池水蜿蜒曲折，从岩石中间流过。上面有桥相连。池中立着一座石峰，像一把利剑直刺青天，高达几丈，峰顶锐利，这就是剑峰。另有一座莲花峰，酷似一朵硕大无比、仰天开放的石莲，亭亭玉立在群峰众石之间。还有许多石峰，都是根据形状得名，如凤凰灵仪、孔雀梳翅、象踞石

路南石林

路南石林位于昆明东南89千米处。两亿多年前，石林地区是一片汪洋大海，沉积了许多厚厚的层状石灰岩，其中广泛分布着古代生物化石。大约7000万年前，地壳抬升，海水退走，经地质构造作用和地表水、地下水的溶蚀作用，形成这千百万座拔地而起的石峰、石柱、石笋、石芽，远望犹如一片莽莽森林，故得名"石林"。

台、双鸟度石等。这里的岩溶石洞中有石室、石床、石凳，在此仰卧休息，只能见到头上的一线蓝天。

第二处是小石林，与大石林相连。中间有几十亩草坪，春秋时节山花遍野。每年农历六月二十四，当地撒尼族（路南、泸西、弥勒、昆明等地部分彝族的自称）在此欢度火把节。白天摔跤、比武、爬竿、骑射，夜晚燃篝火唱歌跳舞，通宵达旦。小石林中最著名的石峰是一潭碧水旁边的阿诗玛石峰。它颀长高挑，背后又有一峰相连，侧视宛如一位背篓少女的身影。

第三处是外石林。这里的特点是星罗棋布，峰外有峰，林外有林。西南边的狮

阿诗玛石林

148

子山如雄狮蹲踞,山上有亭,可俯瞰大小石林。东边的五老峰,好像五位老人在吟哦闲坐,峰上也有亭。石峰中还有著名的一些景致,如母偕子游、书生赶考等。另有一峰名万年灵芝,高达10米,上有一个大圆盖,下面是圆柱形,活像一枝巨大的灵芝仙草。又像一个大蘑菇,也颇有趣。除以上几处外,还有紫云洞地下石林、石林湖、狮子池、大叠水瀑布等胜景。目前已辟为游览胜地。

☆ 洱 海

洱海位于大理市北郊大理古城东2千米,因地似人耳而得名,为高山淡水湖,湖面海拔1966米,澄碧的湖水与两岸雪山相互映衬,组成"银苍玉洱"的高原胜景。洱海共有金梭、赤文、玉几三岛。其中以

蝴蝶泉

位于大理市西北苍山云弄峰下,宽6~10米。深约4米,清澈见底,水面仅20多平方米。春末夏初,五色斑斓、形态各异的20多种蝴蝶,从东南西北汇拢前来,于花丛上翩翩起舞。农历四月十五日,是蝴蝶集会最盛日,当地人民称为"蝴蝶会"。

金梭岛为最大,岛上仍存南诏王所建行宫遗址。湖边有青莎鼻、鸳鸯、马帘竺等四洲。湖面还有莲花、大鹏、蟠、凤凰、萝时、牛角、坡土乍、最岩、大场九大弯曲。此外,洱海观月亦为大理胜景之一。

大理三塔

位于大理古城北1千米的崇圣寺内。三座砖塔一大二小鼎足矗立于苍山之麓,洱海之滨。主塔方形,名千寻塔,形状与西安小雁塔十分相似,为典型的唐代建筑风格,高69.13米,为密檐式建筑,共16层。南北小塔各距主塔70米,其造型独特,具有宋代建筑风格,建于大理国后期。大理三塔浑然一体,气势雄伟。

☆ 丽江古城

丽江市位于云南省西北部云贵高原与青藏高原的连接部位。市区中心海拔高度为2418米,与同为第二批国家历史文化名城的四川阆中、山西平遥、安徽歙县并称为"保存最为完好的四大古城"。

1997年12月,丽江古城申报世界文化遗产获成功,填补了我国在世界文化遗

丽江古城（大研镇）

　　古城始建于南宋，迄今已有800年历史，丽江古城曾是滇西最著名的商贸中心之一，也曾是滇西北的政治、经济重镇。城内玉泉水穿街过巷，流遍千家万户，有明清时期大小石桥300多座，还有不少石牌坊，民居均为土木结构的瓦房，古色古香。

产中无历史文化名城的空白。丽江古城是一座没有城墙的古城，光滑洁净的窄窄的青石板路、完全手工建造的土木结构的房屋、无处不在的小桥流水。大研古城是一座人文的小城，明亮的阳光下，总会有步履缓慢的上了年纪的纳西老人悠闲地踱步，他们身着遥远年代的靛蓝色衣服，头戴红军时期的八角帽，哼着一首叫《纳西净地》的歌曲，吟唱着心中的净地，对眼前身后猎奇的目光视而不见。

☆西藏拉萨

　　向有"世界屋脊"之称的西藏高原，平均海拔4500米以上。而高原古城拉萨，海拔也高达3650米，相当于安徽黄山主峰的2倍，可以说是世界最高的城市了。

　　拉萨坐落在冈底斯山中段、雅鲁藏布江支流拉萨河的北岸。拉萨平均每天日照达8小时，一年四季几乎没有阴雨天，天天都可以看见太阳。一来高原大气清新，空气透明度好，通过大气层的阳光能量损耗少；二来长年的高山积雪，太阳辐射经雪地反射后更加强烈。所以，无论春夏秋冬，拉萨的阳光照在人身上都是火热的，因而拉萨又有"太阳城"的美誉。

　　拉萨是一座历史悠久的古城。拉萨，藏文意为"圣地"或"佛地"。拉萨古称逻娑，意为山羊地。相传1300多年以前，

拉萨街景

文成公主进藏时，这个吐蕃王都还是一片荒草河滩，藏王和大臣们还栖身于柳林帷幔之中。据说文成公主精通天象地气，她观察拉萨的地形，好像一个仰卧的罗刹女，即母夜叉，认为选定拉萨为国都对立国极为不利。建议在拉萨外围建四座寺庙，以镇女魔四肢。她又算出拉萨中心的卧马湖是母夜叉的心脏，湖水是女魔的血液，都应该镇住。于是，公主根据五行之说，主张用白山羊背土填湖。藏王松赞干布听从公主的意见，就在卧马湖动工，填湖造寺，最后建成大昭寺。拉萨的原称山羊地便由此得名。大昭寺建成，藏王先后把尼泊尔尺尊公主带来的佛像和文成公主由长安带来的释迦牟尼佛像供在庙内，从此逐渐吸引着各地善男信女前来朝拜，久而久之，这块神圣的山羊地，便定名为圣地了。

☆大昭寺的由来

文成公主雕像

拉萨市中心的大昭寺，创建于吐蕃王朝松赞干布时期。松赞干布为了安置他的两位妻子文成公主和尼婆罗（今尼泊尔）尺尊公主带去的两尊佛像，决定兴建佛寺神殿。根据文成公主的建议，用白山羊驮土填平卧马错湖，就地兴建佛寺。647年，建成"惹萨珠囊"，意为"白山羊驮土幻显寺"，即大昭寺。"惹萨"一词也渐渐在九世纪前期演变成"拉萨"，意为"佛地""佛

大昭寺

六字真言

　　原意为"如意宝和莲花"。西藏人信奉喇嘛教，喇嘛教将此言视为一切经典根源，循环往复念诵即可消灾积德。在西藏，刻有六字真言的石头随处可见。

土"。现有建筑面积约为21500平方米，是1000多年前的唐代遗物，殿内中心部分仍保持原来式样。主殿觉拉康殿内主供文成公主从长安带来的释迦牟尼12岁时身量紫金像。这尊像原先供奉在拉萨小昭寺内（小昭寺由文成公主亲自督建，就在大昭寺附近，现寺已毁），松赞干布死后，谣传唐要出兵取回佛像，藏民将它藏在大昭寺的一间密室里。710年金城公主进藏，唐蕃和好，又把这尊佛像搬出来供在大昭寺正殿内。1409年，宗喀巴给佛像献上一顶镶嵌各种宝石的金制佛冠，至今仍完好无损地戴在佛像头上。二层配殿内，供有松赞干布、尺尊公主、文成公主的塑像。殿堂及四周回廊间绘满壁画，其中《文成公主进藏图》《大昭寺修建图》等，都有史料价值。

　　大昭寺前的围墙内，保存着唐蕃舅甥会盟碑。会盟之后，唐朝又派大理寺卿刘元鼎为传使，随论纳罗入蕃，在逻些（今拉萨）设盟坛。碑文追述唐蕃历史，强调了文成、金城嫁给吐蕃赞普的舅甥姻缘关系，记述了会盟经过，碑身虽略有风化，但所刻汉文藏文尚能辨认。

　　大昭寺内还珍藏着两幅明代刺绣的唐卡，即卷轴画。由于拉萨气候干燥，虽经500多年而仍色泽鲜艳，保存完整。大昭寺门前还有一块乾隆年立的痘碑，叫做《劝人种痘碑》。当时西藏天花流行，藏人十分害怕，一发现此病，就把病人赶到山野岩洞不管不问，任其死亡。驻藏大臣和琳特地命人在藏北草原上修建几间平房，拨给口粮，派士兵守卫护理，安置天花病人，使不少人痊愈生还。驻藏大臣还严谕前后藏，痘疹不是不治之症。并劝令班禅和达赖以后照此办理，捐给口粮，作为定例。事后刻石树碑，称为痘碑。

☆拉萨布达拉宫

　　布达拉宫是西藏的象征。这组13层的宫堡式建筑群，坐落在拉萨市中心的红山上，高178米，东西长跨400米，南北横宽300米，总建筑面积为14万平方米。他中间主楼部分呈赭红色，两翼则是乳白色的层层大厦。全部建筑依山势垒砌，群楼重叠，殿宇嵯峨，气势雄伟，是我国海拔最高的政教合一宫殿。

　　布达拉，或译普陀罗，梵语意为"佛教圣地"。虔诚的佛教徒将此地比喻为第

布达拉宫

二殊境普陀山，因而命名为布达拉宫。相传最初的布达拉宫是松赞干布为迎娶文成公主而特意建造的。641年，松赞干布与文成公主成婚。为了表示对盛唐的谢意，松赞干布说："我父祖没有和上国通婚的，我能娶大唐公主，深感荣幸，当为公主筑一城以夸示后代。"不久，一座宫殿耸立在红山上。当时佛教还未在西藏兴起，红山上的

这一建筑物只是被当作藏王的一座宏丽的宫殿，因而称宫而不称寺。后世屡有修筑。

到17世纪中叶，五世达赖受清朝册封后，由其总管第巴桑结嘉措主持扩建重修工程，历时近50年才完成。后来，因为五世达赖从达赖母寺哲蚌寺迁到具有政权象征的布达拉宫，又使这里成为西藏佛教最大的活佛所在地，这里也就成为人们顶礼膜拜的圣地了。

布达拉宫的红宫，是历世达赖的灵塔殿和各类经堂；白宫是达赖生活起居的宫殿，其中的措木钦厦是达赖举行坐床和亲政大典的地方。

☆珠穆朗玛峰

举世闻名的世界最高峰珠穆朗玛峰，位于青藏高原的南缘，中国和尼泊尔之间的国境线上。它海拔8844.43米，倚天而立，没入霄内。

珠穆，藏语为"女神"的意思；朗玛，藏语为"第三"的意思。珠穆朗玛就是第三女神的意思。传说很早以前，这里是一个很大很大的海。海边上长满了野草和鲜

布达拉宫白宫

153

花,山坡上的树林里结满了甜甜的果子,有许多鸟兽自由地生活着。突然有一天来了一群妖怪,霸占了这个地方。花草枯萎了,鸟兽也整日的悲啼。这时,天空飘来了五彩祥云,一位容貌美丽、身披白色衣裙的仙女来到这里。她就是雪山五个女神中的第三女神。女神用她无边的法力,把妖怪们压在一座雪山下。她还带来一头头雪白的神牛和一对对金色的鸳鸯,把它们饲养在山上,开凿了蓝色的冰湖。珠穆朗玛还从雪山上输送雪水,灌溉山南山北的万顷土地,使这里牛羊肥壮,庄稼茂盛。所以,山下的藏胞们都很敬仰她。

据科学考察,大约4000万年以前,珠穆朗玛峰一带确实有波涛茫茫的大海,属于古地中海的一部分。后来,由于地壳运动,印度板块向北漂移,在这里与欧亚板块碰到一起,海水退出,变成陆地。而印度板块继续北移,造成这一带地层的褶皱、断裂和地壳加厚,喜马拉雅山脉就逐渐隆起。到了距今几百万年的时候,喜马拉雅山才大幅度地加快上升,成为世界最高的山脉,而珠峰正位于这条山脉的顶点。

珠穆朗玛峰

在定日县中尼边境处。是喜马拉雅山主峰,世界最高山峰。海拔8844.43米。珠穆朗玛为藏语"圣母"之意,以其所处五峰中排序第三,称为"女神第三"。

山体呈巨型金字塔状,有巨大冰川,最长达26千米。山下有世界上最高的寺院绒布寺。峰中生态系统独特,为世界上最独特的生物地理区域,辟有全国重点自然保护区。